처음 마음 그대로

처음 마음 그대로

2010년 6월 10일 초판 인쇄
2010년 6월 18일 초판 발행

지 은 이 | 심 산
펴 낸 이 | 오세룡
펴 낸 곳 | 클리어마인드_(주)지오비스
등록번호 | 제 300-2005-54호
주　　소 | 서울시 종로구 수송동 58 두산위브파빌리온 736호
전　　화 | 02)2198-5151, 팩스 | 02)2198-5153
디 자 인 | 현대북스 051)244-1251

ISBN 978-89-93293-16-6　03810

클리어마인드는 (주)지오비스의 출판브랜드입니다.
이 책은 저작권 법에 따라 보호받는 저작물이므로 무단전재와 복제를 금지하며,
이 책 내용의 전부 또는 일부를 이용하려면
반드시 저작권자 지은이와 (주)지오비스의 서면동의를 받아야 합니다.

정가　13,000원

심산 지음

처음 마음 그대로

클리어마인드
CLEARMIND

책을 펴내며

부처님 오신 날을 앞두고
동자승들의 재잘대는 소리가
온 도량을 감돌아 메아리칩니다.

참 행복합니다.

해맑은 미소 가득한 천진불들이
자유로이 뛰노는 푸른 잔디밭은
그대로 극락입니다.

그리고 모두가 그리워하는
아름다운 마음의 고향 같은
언제나 돌아가고픈 동심입니다.

이 순수한 동심 앞에
새삼 나의 출가를 돌아봅니다.
세월은 무심하게도
인생의 정점을 찍고 있습니다.

처음 마음 그대로

그렇게 살 수는 없는 것인가요.

항상 함께 해주신 모든 분들께
이 작은 마음을 나누고 싶습니다.

2010년 5월에
심 산

Contents

01 Seed
아직은 이른 봄

발심을 돌아보며 12
수행이 뭡니까? 16
작은 의자 두 개의 감동 20
봄에서 배울 일 25
엉뚱한 생각 30
뭇 생명이 하나 되어 34
마음의 고향, 나의 원찰 37
가을이 오는 풍경 41
강릉에서 정선까지 45
신묘장구대다라니 기도 48
기도, 나를 지키는 힘 52
세월 56
봉정암의 추억 59
인터넷 세상의 고민 63
모든 것 부처님께 바칩니다 67

02 Sprout
새싹들의 나들이

다시, 봄으로의 회귀 72
마음공부 76
매사를 따뜻하게 79
부모의 짝사랑 83
어린이 포교의 꽃 동자승 단기출가 86
과감히 산으로 보내라 90
시대를 읽는 영어 템플스테이 93
작지만 아름다운 입학식 97
유발상좌, 포교의 아름다운 전통 100
천진불 세상을 꿈꾸며 106
세뱃돈 110
신명 나는 부처님 오신 날을 위하여 113
삼배, 가장 아름다운 예경 117
장애인 불자의 신심 120
삶의 무게 124
불심 가득 노래 듬뿍 127
부활절의 기억 131
포교는 '자비심'이다 135

03 Sapling
뿌리 깊은 나무를 꿈꾸며

108산사 순례를 시작하며 140
누가 나를 묶었는가 144
왜 사리암인가 147
소중한 것은 내 안에 있다 151
처음 마음 그대로 154
눈물의 종류 158
기다림 162
'참나'를 찾자 166
어떻게 살 것인가 170
앉을 자리와 설 자리 177
봉정암, 백담사를 가다 182
넘어야 할 산, 한계 189
희망을 이야기하자 192
김장을 담그며 196
한 해를 여유 있게 마감하기 199

04 Tree
결실, 그리고 또 다른 시작

초심 학인이고 싶다 204
부산 불교의 희망을 보다 208
가피의 목소리 211
중생이로세! 215
조용하게 앉으라 220
대입기도 단상 224
세상에서 가장 소중한 것 227
이 가을에… 232
잘 산다는 것은 235
안타까운 4대강 살리기 사업 239
내복 한 벌 242
바른 생각을 위한 마음수행 246
신행 매뉴얼이 필요하다 253

01

Seed

아직은 이른 봄

나무들이 모두 아름다운 꽃을 내재하고 있듯이
우리네 중생들도 다 불성을 가지고 있으므로
마음의 봄을 향해 끝없이 수행하면 언젠가는 스스로를 감동하게
하는 꽃망울을 터뜨릴 수 있음을 가르치는 계절이 봄인 것 같다.
그렇다면 내 참성품의 꽃은 언제나 피려는지…….

발심을
돌아보며

—

'일체유심조'라는 법문을 듣고 청천벽력 같은 느낌에 전신이 짜릿하고 환희롭던 때가 있었다. 정확히 말하면 고등학교 1학년 때의 일이다. 사람의 경계를 넘어 신선이나 도인의 개념으로 보이던, 법문하시는 스님의 모습에 한없는 동경심을 느끼며 신선해하던 그때가 어제 같다. 거기서 받은 종교적 감동은 오늘도 나를 바로세우는 원동력이 된다. 발심의 시간을 돌아보라는 말이 모처럼 출가 이전부터 오늘을 돌아보는 계기가 되었다.

나는 초등학교 5학년의 시작을 강원도 강릉에서 울산으로 옮겨서 하게 되었다. 단순한 공간의 변화가 아니라 모든 개념의 변화를 감당해야 하는 큰일이었다. 그렇게 울산으로 이사한 후 중학교 때에 교회도 가 보았지만 와 닿는 느낌이 없었다. 고등학교에 가서는 학교 선배들의 권유로 불교학생회에 가입했다. 물론 뭘 알아서라기보다는 총학생회장을 비롯한 모든 간부들이 거의 대부분 절에 간다는 사실과 많은 학생들이 불교에 긍정적이라는 당시의 분위기에서 어쩌면 당연하고 자연스러웠다. 그렇게 시작된 불교와의 인연은 내 인생을 바꾸었다.

절에 간 지 한 달이 지난 4월 5일 식목일, 절에서도 나무심기 행사를 했다. 사월의 아침햇살이 법당 앞 향나무 사이로 비칠 때 단청과 어우러진 조화는 이제 부처님과 함께 하겠노라는 결심으로 이어졌다. 그렇게 또 한 달이 지난 5월에는 신입생 환영 야외법회가 있었다. 마냥 즐거운 마음으로 찾은 곳은 경남 양산 통도사였다. 당시 통도사에서 안내 겸 법문을 해주신 분은 중앙승가대학 총장을 지내신 종범 큰스님이시다. 스님의 일체유심조 법문은 봄 햇살에 감동하던 식목일과는 전혀 다른, 오히려 청천벽력 같은 충격이었다. 풍기는 모습과 잔잔한 말투, 거기에 더해지는 마음에 대한 법문은 공감, 황홀, 흠모, 동경으로 이어져 넋을 잃고 있었다.

"이 세상 모든 것은 이 마음이 만듭니다. 예를 들면 어두운 밤에 우리가 무서워하는 것은 어둠 속에 무서운 존재가 있어서가 아니라 내 어리석은 마음이 어둠 속에 악마며 귀신이며 도깨비가 있지는 않을까 하고 생각으로 만들어서 무서워하는 것입니다. 현상적으로는 없으나 내 마음이 상상으로 만들고 무서워하고, 또 다른 미혹으로 연결되어 괴로워하는 겁니다. 이것이 중생놀음입니다."

어찌나 공감이 컸던지 지금도 설렌다. 어릴 때 소를 먹이러 간 기억이 있다. 그때 소들을 골짜기에다 풀어놓고 아이들은 편을 갈라 총싸움을 하곤 했다. 그러면 모두 흩어져 각각 숲 속에서 움직였는데 그때의 기억을 떠올리면 스님 법문대로 혼자 숨어서 온갖 생각을 동원해서 악마도 만들고 귀신도 만들고 정의의 기사도 만들면서 때로 무서움을 느끼기도 하고 정의로움에 우쭐하기도 했던 복잡한 마음구조를 경험할 수 있었다.

이후 스님에 대한 존경심과 막연한 흠모의 마음이 오늘을 있게 한 초석이라고 생각한다. 그런데 그런 발심의 계기가 거기서 끝나는 것이 아니었다. 출가를 결심할 즈음에 한 생각 돌이키니 일체가 내 것이라는 말에 또한 공감이 되어 마치 내 마음 먹기에 따라서 세상이 나를 위해 존재하는 듯 착각을 했다. 더 이상 나를 구속할 어떤 것도 존재하지 않고 오직 일상생활에 자유자재할 것만 같은 출가 사문의 마음이 들었다. 그래서 뭔지 모르는 세상이지만 걸림 없는 자유자재한 삶을 살겠노라는 옹골찬 기상에 출가를 결심하게 되었다. 마치 세상이 내 손 안에 있는 듯했다. 대단한 발심이었다. 마침내 수계를 받을 때는 벌써 누더기

기워 입고 바랑 하나 둘러멘 치열한 수행자의 익은 모습을 연상하고 있었다.

지금 생각하면 부끄러운 일이다. 그런데 초심에 나를 불교와 인연 맺게 한 기억할 만한 계기가 발심이라면 발심은 한 번으로 충분하겠지만 발심은 한 번으로 끝나는 추억 같은 삶의 전환점이 아니라 끝없이 나를 향상시키는 계기임을 아는 순간, 내게 때때로 재발심의 기회가 왔음을 알게 되었다.

수행이 뭡니까?

통도사승가대학에서 살 때의 일이다. 프랑스의 유명한 신부님이 한국 천주교의 지도자 신부님과 통도사를 찾아 산사를 경험한 일이 있었다. 절에서 잠을 자고 예불에도 참석하는 등 이웃 종교에 대해 큰 관심을 보였다. 종교 간의 이해와 동서 문화의 만남이라는 점에서 대단히 고무적인 것이었다. 그때 방장스님과 나눈 대화이다.

신부님이 이렇게 물었다.

"불교에서는 수행이라는 말을 아주 많이 하는데 수행이 무엇입니까?"

방장스님이 답하시기를

"극락 가서 사는 연습을 하는 것이 수행이지요"라고 하셨다.

'극락이라면 더없는 즐거움의 세계인데 거기에도 적응 연습이 필요하다는 말인가' 하고 의아해했다. 돌이켜보니 극락이 아무리 좋은 세상이라고 해도 거기에서 살 수 있는 훈련이 되어 있지 않으면 모두 소용없는 일임을 이제야 알 것 같다.

인터넷과 컴퓨터의 세상이 아무리 만능의 세상이라 해도 거기에 익숙지 않은 이에게는 컴퓨터가 그저 고물덩어리일 뿐이다. 따라서 작동하고 운용하는 연습이 필요한 것이다. 극락세계가 아무리 좋은 세상이라고 해도 내 마음에 평정이 없이는 의미가 없다.

내가 속으로 갈등하고 시기하고 질투하고 경쟁하는 습관을 버리지 못하는 한 좋은 장소가 문제가 아닌 것이다. 그런 마음씀은 사바세계에서나 통하는 것이지 성현들의 세상인 극락에서는 소용이 없다. 모두들 아름다운 마음으로 살아가는데 혼자만 불만을 가지고 세상을 바라본다면 그보다 더한 어리석음도 없다. 그러니까 마음의 고요를 얻어 어디서나 지혜의 눈으로 보고 자비의 손길로 세상을 어루만지는 수행의 경지가 없이는 극락도 사바세계인 것이다.

도심에서 포교를 한다고 10년을 살고 이제 자유를 얻었다. 소임을 살 때는 짜인 일정에 허덕이고 힘들어하면서 자유를 갈망했다. 그런데 막상 소임을 놓고 보니 많은 시간이 오히려 부담스럽다. 자유롭게 사는 연습이 안 되어 있기 때문이다. 항상 무엇인가 할 일이 기다리고 있는 것이 그 당시는 부담이었지만 이제는 아쉬움이다. 막연히 먼 산만 바라보기에는 아직 생각이 많은 까닭이다.

　이렇게 본다면 지금부터의 모든 노력은 다 수행이다. 적응하고 숙련되어서 행복해질 수 있을 때까지 노력하는 행위가 수행인 것이다. 그토록 염원하는 극락정토는 가고 싶다는 욕망만으로는 갈 수 없고 내 마음을 정돈해야만 느낄 수 있다. 어디에 있어도 당당할 수 있는 진실과 순수와 신뢰의 내면세계를 완성하는 일이 내게 주어진 최선의 수행인 것이다. 그런 마음일 때 처해 있는 극락이 비로소 극락이 되는 것이지, 극락 가서도 중생심이면 더 고통스러운 일이다.

　남들은 다 착한데 나만 나쁜 사람일 거라는 생각이 얼마나 나를 괴롭힐 것인가. 이제 다 같이 극락 가서 사는 연습을 하면서 살아보면 어떨까! 마음도 반듯하고 자세도 반듯한 생활, 절제된 언행으로 극락에서와 같은 행동으로 이생을 살아보는 것도 더없는 보람이리라. 극락은 장소가 아니라 마음이기 때문이다.

지금부터의 모든 노력은 다 수행이다

작은 의자
두 개의 감동

—

　도심 포교원에서 지낼 때 산이 그리워 가까운 양산에 조그마한 텃밭을 마련했다. 동네에서 약 1㎞를 산으로 오르면 새 둥지처럼 자리 잡고 있다. 한쪽에는 어지간한 농사에는 충분한 양의 물을 담은 연못이 있는데 봄에는 올챙이가 새까맣고 여름이면 비단잉어와 금붕어가 한가로이 헤엄치는, 오염되지 않은 자연이다.
　한여름 밤에는 반딧불이가 날고 골짜기에는 가재가 기어 다니고 하늘에는 별이 쏟아진다. 주변이 모두 산이라 한적하고 평화로운 곳이다. 봄이면 진달래가 만발하고 새소리가 쉬지 않고 들린다. 건너편에는 천 명의 성인이 출현하서서 이름 지어진 천성산이 보이고 멀리 통도사 영축산도 바라다보인다. 그래서 그곳은 도시의 찌든 환경에 사는 모든 신도들의 마음의 고향이다.

그곳에 김장용 배추와 무를 심어 산에다 김장을 담가놓고 내려다 먹었다. 밭은 비닐하우스만 한 채 있을 뿐 다른 것은 아무 것도 없는 원시 상태다. 그나마 비닐하우스마저 없을 때에는 농사 짓기가 여간 불편한 것이 아니었다.

점심이라도 해결하려면 피난민 같은 모습을 면할 수가 없었다. 그러다 비닐하우스를 짓고 나니 세상을 얻은 듯 부자 된 기쁨이었고 살림이 하나하나 늘어날 때마다 사는 재미가 이런 것인가 싶었다. 그런데 그곳도 여름에는 그런대로 올라갈 만했지만 겨울에는 추위에 엄두가 나지 않았다.

그러던 차에 난로를 설치하고 나니 전천후 공간이 되었다. 나무를 때면 난방이 되어 추위는 문제없었고 고구마 구워 먹는 재미는 먹는 것 이상의 기쁨이었다. 그런데 장작 타는 소리도 좋고 굴뚝의 연기도 여유롭고 나무 타는 냄새도 좋은데 난로 가까이 쪼그리고 앉아 있으려니 다리가 아파 불편했다.

뭔가 방법을 궁리하다가 난로에 앉아 불을 쬐기에 적당한 앉은뱅이 의자를 두 개 만들었다. 톱질해서 적당한 크기로 나무를 자르고 못질을 해서 완성을 하고 보니 모양은 못생겼지만 갑자기 노동의 신성함이 느껴져 오는 것이었다. 모양이야 어디 비교할 수 없는 하찮은 것이지만 완성의 기쁨은 그런 것이 아니었다. 돈 주고 사 온 어떤 것보다 더 큰 애정이 느껴졌다. 잠시 톱질하고 못질한 노력으로 얻은 보잘것없는 의자지만 그 공간 안의 어느 것보다 눈에 들어오는 것이었다.

우리는 스스로 노력해서 무엇을 얻기보다 그저 쉽게 얻어지는 것을 기대하는 경향이 있다. 사회에서도 노력을 통한 결실보다는 로비나 특권을 이용한 횡재의 꿈을 버리지 못하는 일들이 연일 뉴스를 장식한다. 크든 작든 간에 노력을 통해 얻어지는 결실에 만족하고 수용하는 마음 씀이 아쉬운 시대다. 옛날에는 어쩔 수 없는 절박한 상황에서 거짓말을 하거나 사기를 쳤다고 한다면 요즘의 세태는 남을 속이는 것도 하나의 직업인 듯하다. 그러고도 오히려 당당하다.

작은 의자 두 개 만들고 웬 호들갑이냐 싶겠지만 작은 것에서의 성취를 느끼지 못하는 사람은 큰 것만을 추구하다가 아무 것도 얻지 못하는 경우가 많다. 마치 굶주린 호랑이가 이상만 높아 사소한 먹이를 쳐다보지도 않는다면 주린 배를 채울 수 없는 것과 같다. 『자경문』에 말씀하시길,

"어리석고 안 배우면 교만만 늘고
 어리석은 마음 닦지 않아 이상만 크네.
 주린 배에 마음만 높은 굶은 호랑이 같고

앎이 없이 게으름은 원숭이 같도다" 하셨다.
지금도 그 못생긴 의자를 생각하면 그저 흐뭇하기만 하다.

내 참성품의 꽃은 언제나 피려는지…….

봄에서 배울 일

겨우내 얼어붙었던 산하대지가 마치 잠에서 깨어나듯 변화와 생기를 발산하고 있다. 모진 눈보라와 매서운 바람을 이겨낸 승리자의 화사한 미소와도 같은 새순들이 가지마다 돋아나고 있다. 녹음을 향한 첫발을 내디디고 있는 것이다.

세상 만물이 저마다 내재된 자신들의 화사함을 확인하는 새봄의 몸짓들은 형형색색 그대로가 환희로 가득 찬 축제의 한마당이다. 동참한 모든 생명들이 자신만의 움직임을 끊임없이 진행하고 있다. 그리고 숨겨져 있던 그들의 최고의 능력들을 표출해 내고 있다. 그래서 봄이 되면 대자연의 축제의 한쪽에서 설렘의 감동으로 하나가 된다.

양산 부근에는 노란 개나리가 고속도로를 장엄하고 통도사 앞 나들목에는 목련이 하얗게 피어 있다. 산에는 진달래가 만개하고 벌써 매화

꽃은 지고 있다. 동래 온천장 거리마다 벚꽃나무들은 꽃망울을 머금고 꽃필 때를 조절하는 듯하다. 해당화를 포함한 이름 모를 많은 나무들도 분주하기는 마찬가지다.

어느 나무 하나 봄을 거부하는 일이 없다. 오히려 기다렸다는 듯이 바쁘게 움직이고 있다. 그런데 그 꽃들은 도대체 어디에 숨어 있었을까. 그토록 화사한 꽃잎들을 겨울이라는 혹독한 추위 속에서 어떻게 숨겨뒀을까. 가지에도 꽃잎은 없었고 줄기에도 뿌리에도 그 어디에도 존재하지 않던 꽃잎들이었는데 시절인연이 도래하자 당연히 꽃망울을 터뜨리는 것은 무슨 인연일까. 초라하던 겨울에는 장엄한 생명의 근원들을 쉽게 인정하지 않았는데 봄이 되고 보니 모두 그들 나름대로의 멋을 간직하고 있다.

어찌 보면 우리도 마찬가지다. 수행이 없을 때는 한겨울의 나뭇가지처럼 초라해 보이고 희망이 없어 보인다. 그래서 쉽게 좌절하기도 한다. 그러나 수행의 공덕으로 마음의 봄바람이 불어와서 비로소 인연이 맞으면 내 속의 불성이 꽃보다 아름다운 모습을 드러내게 된다는 것을 알게 한다. 겨울과도 같은 냉담한 마음에서는 꽃을 피울 수가 없다. 삶을 따뜻하게 하는 원력과 신심의 바탕에서만 비로소 가능한 것이다.

모든 나무가 꽃잎을 자체로 간직하지는 않으나 본성대로 꽃을 피우듯, 불성도 어떤 형상으로 우리의 육신 속에 내재되어 있지는 않지만 수행의 공덕이 익으면 바로 그 불성을 완성해 낼 수 있음을 배울 수 있다. 그러고 보면 세상이 다 소중한 의미를 지닌 청정법신이라는 말이 더욱 공감이 된다. 그래서 상불경보살은 만나는 모든 이에게 '당신은 부처가 될 것입니다' 하고 다녔던가 보다. 마치 저 나무들이 모두 아름다운 꽃을 내재하고 있듯이 우리네 중생들도 다 불성을 가지고 있으므로 마음의 봄을 향해 끝없이 수행하면 언젠가는 스스로를 감동하게 하는 꽃망울을 터뜨릴 수 있음을 가르치는 계절이 봄인 것 같다.

그렇다면 내 참성품의 꽃은 언제나 피려는지…….

적막한 산사의 정취를 느끼거나
새벽예불의 아련한 도량석 소리를
들으면서 하루를 시작해 본다면
그는 행복하다.

엉뚱한 생각

본격적인 더위가 우리를 힘들게 하고 있다. 나뭇가지에서는 매미들이 귀가 따갑게 울어대고 계곡을 흐르는 개울물이 더없이 청량하게 느껴지는 계절이다. 가만히 앉아만 있어도 땀이 온몸을 적시고 조금만 건드려도 쉽게 짜증스러워진다. 세상이 모두 더운 숨을 몰아쉬면서 헐떡이고 있다.

그러나 한편에서는 자신의 일상을 가로막는 모든 업장을 씻어 내고자 엄청난 땀을 흘리는 모습들을 보게 된다. 그런 노력으로서만이 숙세의 업장을 녹일 수 있으리라는 믿음을 가지는 것이다.

언제부터인가 우리네 절에서는 이렇게 땀 흘리는 일체의 모습을, 그것이 노동이든지 수행이든지를 불문하고 아름답게 묘사해 왔다. 그래서인지 요즘 같은 삼복더위에도 곳곳의 산사나 수련원에서 삼천배를 하거나 참선이나 단기출가 등의 수행을 통해 자신의 근기를 시험하면서 땀을 흘리는 의지의 불자들이 많이 있음을 심심찮게 본다.

어찌 여름이 덥지 않으리오마는 이런 일련의 모습들은 열악한 기후나 환경의 지배에서 벗어나 주체적인 삶을 살고자 하는 치열한 노력인 것이다. 또한 틀에 박힌 생활을 떠나 잠시나마 출가수행의 의미와 자연 속에서의 여유 있는 멋을 느끼고자 하는 적극적이고도 현명한 피서의 한 방편이기도 하다.

이런 여름 못지않게 겨울도 우리 수행자들에게는 소중한 시간이다. 신라의 원효 스님은 『발심수행장』에서 "절하는 무릎이 추워서 얼음같이 얼어붙더라도 따뜻한 불을 마음에 두지 말며……"라는 표현을 쓰면서, 조금만 추워도 따뜻함을 향한 마음에 본분을 망각하고 마는 의지가 약한 평범한 중생들을 훈계하는 것을 볼 수 있다. 으레 겨울은 춥고 여름은 덥다. 그것은 너무도 당연한 일이라 이유가 될 수 없다.

그런데 우리는 살면서 핑계가 너무도 많다. 여름은 더워서 공부가 어렵고 겨울은 추워서 도무지 진전이 없다고 투정을 부린다. 그러나 중요한 것은 내가 환경의 지배를 받는 나약한 존재로 있을 것이냐, 환경을 주도하는 적극적인 삶의 주인이 될 것이냐 하는 내면적인 관념과 의지의 문제이지, 주어진 외적인 조건의 문제가 아니라는 점이다.

마치 수천의 적과 싸워 이기기보다 오히려 자기 자신과 싸워 이기는 것이 진정한 승리자라는 『법구경』의 말씀처럼, 편안함만을 추구하며 나약해져 가는 요즈음의 신세대들에게는 다시금 생각할 여운을 주는 대목이다.

　더위나 추위가 모두 내 절대의 생각 속에서 나를 지배한다는 것은, 자유의 의지를 가진 우리들에게는 그리 환영받을 바가 못 된다고 할 수 있다. 그래서 찌는 더위로 짜증스러운 여름이거나 혹독한 추위가 기승을 부리는 겨울이면 가끔은 이런 엉뚱한 생각을 하게 된다.

　'여름은 춥지 않아서 좋고, 겨울은 덥지 않아서 좋다'라고…….

허튼 것 보지 않고 눈 막는 부처님
허튼 말 하지 않고 입 막는 부처님
허튼소리 듣지 않고 귀 막는 부처님

뭇 생명이
하나 되어

—

　　운문사 사리암에 며칠 머무르는 동안 뭇 생명이 한식구로 사는 모습에 흐뭇했다. 산 고양이가 새끼를 낳아 젖 먹이는 모습은, 어찌 우리와 드러난 모습이 다르다 하여 저들을 무시할 수 있겠는가를 생각하게 했다. 생명 가진 것들의 자식 사랑은 지극하기만 했다.

　　사리암에서는 그뿐이 아니다. 나뭇가지 위에 새의 모이를 주면 새들이 날아들고, 때로는 고양이가 흑심을 품기도 한다. 산토끼가 마당까지 내려와 한가로이 놀고 사슴이며 염소까지 찾아든다는 원주스님의 말에 따스한 마음이 느껴졌다. 그 짐승들이 사람과 말이 통해서 가까이 오겠는가! 말보다 진한, 따뜻하고 악의 없는 마음이 느껴져야만 동물들은 움직인다.

　　새 중에서 크기가 아주 작은 직박구리라는 새는 스님의 손에까지 날아와 모이를 먹는데 이 얼마나 아름다운 풍경인가. 그 작은 새가 깜찍한 발톱으로 스님의 손바닥에 앉아 모이를 먹을 때의 그 느낌은, 그런 경험을 하지 못한 우리가 상상이나 할 수 있겠는가. 마치 솜털이 날아와 앉는 듯한 느낌이라고 했다. 이것은 서로에 대한 자비와 신뢰의 마음에서만 가능한 일이다. 돈이면 다 되는 줄 아는 요즘의 세태에서는 그저 신기할 뿐이다. 그리고 더러는, 자신의 악의에 찬 심통은 가려놓고 새가 오지 않음을 나무란다. 짐승은 그가 가진 자연의 본능으로 상대를 인식한다. 그리고 가까이 가도 좋겠다는 확신이 서야만 가는 것이다.

몇 년 전 캐나다 로키 산맥을 여행할 기회가 있었다. 장엄한 산세도 산세지만 사람들의 동물 사랑에 감동했다. 동물이 서식하는 지역에서는 여지없이 자동차의 속도를 낮추고 동물들을 자극하거나 놀라지 않게 하려고 노력한다. 그러면서 조용히 구경만 하는 것이다. 사람들은 자동차 안에서 숲을 바라보고 동물들은 자동차를 바라본다.

그러나 여기 사리암에서는 단순한 구경이 아니라 함께 살아가는 것이 인상적이다. 먹을 것을 주면서 식구처럼 더불어 살아가는 것이다. 이놈은 요사이 기운이 없어 보인다고 걱정이고 저놈은 얄밉게 많이 먹는다고 투정인 스님을 보면서 남다른 생명 사랑을 느낄 수 있었다.

새나 짐승들이 생각보다는 영리하다. 자신을 지키는 본능에 있어서는 더욱 그렇다. 전남 곡성 태안사 선원에 사형님 한 분이 계셨다. 정초에 신도들과 대중공양을 갔는데 처소에서 무엇인가 보여주려고 노력했지만 끝내 볼 수 없었다. 평소에는 휘파람을 불면 새들이 손에까지 날아들어 모이를 먹는데, 우리 일행에게 보여주기 위해 시도하자 새가 오지 않는 것이었다. 새들의 직감이 목적과 수단, 즉 순수와 허세를 판단하고 있는 것이다.

우리네 사람들은 사람들 사이에서 믿지 못해서 계약서를 이중 삼중으로 쓰고도 불안해한다. 오늘은 가깝게 지내지만 언젠가는 불편하리라는 막연한 걱정에 고통스러워한다. 그토록 완벽한 제도적 장치를 마련했건만 날만 새면 속았다는 이야기가 끊이지 않는다. 아예 처음부터 속임수였다는 대목에서는 자지러지는 것이다.

여기 자연에서처럼 서로 통하는 구체적인 언어는 없지만 신뢰와 자비로 마냥 베풀어주고 상부상조하면서 오순도순 뭇 생명이 하나 되어 살아간다면 얼마나 좋은 세상이 될까.

마음의 고향
나의 원찰

—

　주변 산천은 온통 짙은 녹음으로 풍성하고 절 옆을 흐르는 시냇물은 장맛비로 생명력이 넘쳐흐른다. 관세음보살님을 모신 연못에 색도 고운 비단잉어들이 헤엄치고 송사리가 먹이를 찾아 떼지어 다니는 모습은 보기만 해도 어느새 동심으로 돌아가게 한다. 시끄럽기까지 한 매미 소리는 마치 더위가 익어가는 소리인 듯하다. 여러 가지 조롱박이 모양을 드러내는 아담한 터널에는 붉은 하늘호박과 기다란 수세미가 멋을 더하는 데 한몫하고 있다. 가지며 오이는 아침저녁이 다르게 크고 있고 여기저기 뒹구는 호박은 그대로 복덩이다. 많이도 열린 고추는 아삭아삭한 맛으로 입맛을 돋운다. 장마를 끝낸 우리 절 시골 풍경은 이렇게 여유롭다.

　그런데 절 풍경만큼이나 한가로워야 할 내가 오히려 바빠졌다. 본격적인 휴가철 때문이다. 언제부터인가 서울과 타지에 나가 살던 신도 자녀들이 여름휴가를 맞아 부모님을 찾아 부산에 오면 자연스레 인사하러 찾아오기 때문이다. 참 고맙고 아름다운 모습이다. 자식 며느리에 손자손녀들을 인사시키는 노부모의 얼굴은 뿌듯하기만 하다. 자식 키운 보람을 이럴 때 느끼는구나 싶을 만큼 화색이 돈다. 경제적으로 성공한 자식은 여유 있어서 좋고 출세한 자식은 자랑할 수 있어서 좋다. 설령 권세와 부를 얻지 못했다 하더라도 고슴도치 부모의 마음은 모든 것이 사랑스럽기만 하다.

거기다가 주지인 내가 손자 녀석에게 작은 선물을 주거나 잔잔한 관심을 가져주기라도 하면 그때는 인생에 더 부러울 것이 없어 보인다. 그래서 언제부터인가 과자나 작은 선물을 준비해 놓는 습관이 생겼다. 세월의 흐름 앞에 나도 모르는 사이에 인정 넘치고 마음씨 넉넉한 시골 할아버지 같은 역할을 해야 하는 상황이 되었다. 그다지 익숙하지는 않지만 어린이 포교의 더없는 기회라고 생각하니 거부할 수 없는 현실이고 자부심을 느낄 만큼 중요한 일이었다.

외지에 나가 살다 보면 고향은 늘 따뜻한 곳이고 저마다의 추억이 있는 곳이라 그립기만 한 것이 사실이다. 고향은 누가 부르지 않아도 회귀의 본능처럼 돌아가고 싶은 곳이고, 특별한 이벤트가 없어도 그저 넉넉한 곳이며, 오랜 시간 떠나 있다가 다시 와도 그때의 추억에 가슴 설레는 곳이다. 그것이 고향의 매력이다. 하지만 안타깝게도 고향이 없어진다. 아니 고향은 있되 고향집은 없다. 그때그때 상황 따라 형편 따라 편리한 대로 옮겨 다니며 살다 보니 집은 단순히 주거공간일 뿐 더 이상 옛날 같은 절대적 개념이 아니다. 고향집의 아련한 추억은 갈수록 요원해지고 오히려 집이 아니라 부모님이 계신 곳이 고향이고 고향집이다. 그런데 찾아온 자식을 끌어안고도 공감할 추억을 만들기에는 뭔가 부족한 것이 우리가 사는 집이다.

그럴 때 그 허전함을 채워줄 마음의 고향은 어디인가. 그곳은 바로 절이다. 천년을 지켜오고 만년을 이어갈 내가 다니는 절이 고향집에서 느끼는 정신적 안락을 줄 수 있도록 스님들이 많은 배려를 해야 한다. 그래서 나의 원찰이 마음의 고향이 되어 온 가족이 언제라도 찾아와 귀의할 수 있는 열린 절을 만들어야 한다. 이제 본격적인 휴가철을 맞아 마음의 고향으로 찾아오는 그들을 위해 절이 가지는 자연과 환경이라는 소중한 재산으로 어느 곳에서도 경험할 수 없는 감동을 줄 넉넉한 마음이 우리 스님들에게 먼저 있어야 하지 않을까.

동자승들의 재잘대는 소리가 온 도량을 감돌아 메아리칩니다. 참 행복합니다.

가을이 오는 풍경

—

공군법사로 강원도 강릉기지에서 근무할 때 가을구경 한다고 한계령을 갔었다. 양양에 도착해 한계령을 향해 달리는데 환상적인 경치를 구경할 수 있었다. 하늘은 푸르러 높을 대로 높아 있고, 한계령 봉우리에는 흰 눈이 내려 꼭대기는 하얗고 중간은 단풍이 절정을 이루어 온통 울긋불긋한데, 들녘에서는 황금색으로 영근 벼들이 마지막 고개를 숙이고 있었다.

사진으로 보던 외국의 장엄하면서도 빼어난 어떤 경치보다도 정감 있는 모습에 감복의 탄성을 질렀다. 이렇듯 화창한 가을의 바깥 풍경은 넉넉하고 여유롭고 풍성해서 더 이상 고뇌해야 할 이유가 없는 듯했다.

요즘의 계절도 그때와 같다. 지난여름의 찌는 듯하던 더위가 언제 그랬냐 싶고 맴맴거리던 매미 소리도 사라져버린 가을의 문턱이다. 열린 창문 사이로 한 폭의 산수화가 펼쳐지는데 유독 단풍잎 하나가 마치 가을의 신호탄인 양 빨갛게 물들어 있다. 새벽공기도 제법 싸늘해져서 옷을 하나 더 껴입을 정도다. 아궁이에서는 장작 타는 소리가 토닥거리고 나무 타는 냄새가 친근하다.

어린 시절 밤을 통째로 군불에 던져 넣고 들여다보다가 군밤이 터져 눈에 튀는 바람에 눈물을 흘렸던 기억이 생생하다. 고구마와 감자도 구워 먹었는데 먹는 양보다는 재투성이가 된 고구마를 하나 들고는 뜨거워 호호거리는 그 과정이 더 재미있다. 굴뚝의 저녁연기는 주변을 소독이라도 하듯 나지막이 퍼지는데 아스라한 어린 시절을 떠올리게 한다.

감나무에는 누런 감들이 주렁주렁 열려 있다. 단감이 가지가 처질 정도로 많이 열렸다. 홍시가 떨어진 감나무 밑은 언제나 지저분하다. 밤나무에는 토실토실한 밤송이가 입을 벌리고 있다. 밑을 지나기가 불안하게 간간이 한 송이씩 떨어진다. 한꺼번에 털어내어 다 따버리는 것보다 자연스레 하나씩 떨어지게 남겨놓아 아침마다 알밤을 줍는 재미 또한 적지 않다.

대추와 무화과도 예외는 아니다. 갖가지 새들이 무화과나무에 매달려 맛있게 먹고 있다. 큰 새가 먹고 지나가면 작은 새들 차례가 되어 즐거운 아침식사를 한다. 호박 덩굴에서는 군데군데 복덩이 같은 호박들이 익어간다. 이렇듯 모든 과실이 결실을 맺고 있다. 밭에는 김장 채소

인 무와 배추가 한 뼘이나 자라 있다. 하루가 다르게 커 가는 모습이 대지의 힘과 노동의 보람을 느끼게 한다. 간간이 솎아내어 데쳐서 무치기도 하고 김치도 담가 먹는데 그 맛이 일품이다.

여름내 자라던 풀들을 베어 거름을 만드는데 아침이면 퇴비 썩는 가스가 김처럼 모락모락 피어오른다. 이것이 요즘 내가 살고 있는 농장에서 느끼는 가을이 오는 풍경이다.

봄이 희망이라면 가을은 회향을 가르치는 계절이다. 봄부터 꾸준히 가꾸고 익혀온 내 안의 풍성한 결실을 세상에 되돌려주고 또 다른 내일을 위해 휴식을 시작하는 아름다운 계절이다.

허전함을 채워줄 마음의 고향은 어디인가.
그곳은 바로 절이다.

강릉에서 정선까지

—

몇 해 전 강원도 정선에 볼일이 있어 강릉에서 버스로 간 적이 있다. 옛날 생각만으로 대관령을 넘는 줄 알고, 폭설이 지나간 눈길을 걱정하고 버스에 올랐다. 바깥 경치라도 볼 마음에 맨 앞자리에 앉았다. 기사님 뒤에도 웬 남자분이 자리했고 버스는 거의 비어 있었다.

잠시 후 연세 드신 할머님이 타셔서 머뭇거리다가 남자분에게 옆에 좀 앉겠다고 하자 남자분은 뒤에 자리가 많다고 퉁명스럽게 거절했다. 할머님은 아마 스님인 내게 자리 이야기 하기가 부담스러웠던 모양이다. 할머님은 할 수 없이 뒤로 가시면서 "나는 뒤에 앉으면 멀미가 나서……"라고 말을 흐리시는 것이었다. 그때 얼른 여기 앉으시라고 해야 옳은 일인데 일어서야 할 순간을 놓쳐버려 그냥 앉아 있으려니 마음이 여간 불편한 것이 아니었다.

'과연 내가 보살도를 행하는 출가자인가? 아만과 교만이 가득한 이기심으로 사는 존재는 아닌가. 나도 입만 보살이구나……'

왕산을 지나 임계로 향하면서도 양심과의 갈등은 계속되었다. 바깥 눈 덮인 하얀 세상의 겨울 경치가 눈에 들지 않았다. 임계에 도착할 때쯤에야 그 할머니가 앞으로 옮기기를 기대하면서 슬그머니 일어나서 뒷자리로 옮겼다. 그런데 그 할머니는 임계에서 내리시는 것이다. 참으로 허전했다.

버스는 임계에서 정선으로 가고 있었다. 이제는 제법 손님이 많아지고 타는 사람마다 서로 인사를 나눈다. 역시 시골다운 모습이었다.

"어디 가시우?"

"편안하시지요?"

모르는 사람이 없다. 강원도의 억양이 짙게 배어 나오는데 귀에 익은 사투리가 정겨웠다. 내 고향이 강원도라 더 느낌이 컸는지 모른다.

시골 버스의 일상적인 모습이건만, 도심의 메마른 풍경에 젖어있는 내게는 새롭게만 보였다. 도시의 버스에서는 볼 수 없는 왁자지껄한 삶의 이야기가 여기저기에서 터져 나오고 있었다. 가만히 듣자 하니, 당신들은 비록 이 산중에 살지만 자식들은 다들 도시에 나가 그들 나름대로 잘 살고 있다는 가슴 뿌듯한 자랑이었다. 그래서 지금의 삶도 행복하다는 내용들인데, 한 분은 신이 나서 이야기하고 그 옆으로 여러 분이 수긍하면서 들어준다. 자랑삼아 말하는 분과 들어주는 분이 다 즐겁다. 더러 맞장구도 쳐준다.

매사가 정겨울 뿐이다. 삶에서 자식이 차지하는 마음의 무게와 행복이 마음먹기에 달렸음을 보여주는 모습이다. 한 해의 농사를 마무리하고 맞은 겨울, 마치 방학을 맞은 학생들처럼 겨울 한 철을 쉬고 계시는 그분들을 보면서 참으로 소박하고 법 없이도 사실 분들이라는 느낌이 들었다. 또다시 봄이 되면 논과 밭에서 뿌린 만큼 거두어들이는 진솔한 농사일에 전념하실 그분들이야말로, 깍쟁이로 변해 가는 도시에서는 생각할 수 없는 살맛 나는 세상의 모습을 보여주는 것 같다.

그렇게 정선에 도착했다.

신묘장구대다라니
기도

—

　출가 후 첫 주지 소임 때의 일이다. 부처님의 진리와 절집의 돌아가는 살림살이가 모두 신기하기만 하던 때인데 정초기도가 되자 많은 사람들이 삼재부를 찾는 것이다. 어느새 이십여 년을 헤아리는 과거의 일이니까 지금의 절집 풍습하고는 많이 다른 시절이었다.
　그래서 어른스님께 여쭈었더니 삼재부가 필요한 사람들을 모두 모아 밤 자시에 신묘장구대다라니 기도를 3일간 지극정성으로 하고는 직접 신도들이 부를 만들어 하나씩 가지게 하라고 하셨다. 모든 것이 흔쾌하지는 않았지만 워낙 모르는 초임 주지로서는 그렇게 할 수밖에 도리가 없었다. 그렇게 신묘장구대다라니 기도는 시작되었다.
　그러다 그 기도는 한 해로써 끝나고 군법사로 떠났기에 잊고 있다가 부산에서 포교원을 시작하면서 어렴풋하던 신묘장구대다라니 기도가 생각이 나서 오로지 나 개인의 기도로 시작하게 되었다. 그러면서 기도할 사람은 동참하라고 했더니, 첫날 기도가 200여 명으로 시작되더니 급속도로 사람이 늘기 시작해서 천 명이 넘는 대중이 모여서 엄청난 열정으로 신묘장구대다라니 기도가 진행되는 성황을 이루게 되었다.

나 개인의 기도이기 때문에 신도들의 축원문 읽을 일도 없었고 기도비를 받아야 할 이유도 없었다. 오히려 신도들이 자발적으로 공양미를 올리기 시작하는데, 많게는 3일 동안 40가마가 올라왔다. 그 쌀은 복지관 운영과 군부대 떡 공양 그리고 사중의 공양과 떡을 감당하기에 충분했다.

이 기도에 영험도 만만치 않아서 가피를 입은 사람들이 날마다 늘어갔고 그 어떤 기도보다도 정성을 기울이는 신도가 많아졌다. 저녁 9시만 되어도 사람들이 모이기 시작하더니 절할 사람은 절을 하고 독송할 사람은 독송을 하다가 10시30분부터 다 함께 입정에 든다. 그러다 자시인 밤 11시가 되면 먼저 천수경을 시작하는데 신묘장구대다라니 부분에 가서는 계속 반복해서 다라니를 외운다. 보통 3분이 걸린다면 이때는 1분10초 정도로 빨라진다. 처음 동참하는 사람은 발음이 잘 되지 않아서 못하겠다고 불만이다. 그러나 조금만 익어지면 빠른 것이 훨씬 자연스럽다.

그런 기억이 생생한데, 사리암 기도를 갔더니 어떤 보살님이 혼자 신묘장구대다라니 기도를 하는데 호흡이 아주 잘 정리된 간결하고 정확한 발음으로 잔잔하게 다라니를 외워가고 있었다. 그 소리가 듣는 나로 하여금 신심 나게 했다. 옆에서는 모두들 나반존자를 찾고 있는데 하나 흔들림 없이 다라니를 순일하게 해간다는 것은 본받을 일이다. 이 기도 저 기도에 마음이 팔려 갈피를 잡지 못하는 많은 불자들에게는 귀감이라 아니할 수 없다. 무엇인가 하나의 기도를 가지고 중심을 잡는 일은 신행에 있어서 매우 중요한 일이기 때문이다.

기도
나를 지키는 힘

—

통도사 극락암에는 큰 스승이셨던 경봉 대선사께서 주석하셨다. 큰스님 살아생전에 많은 스님과 신도들이 극락암으로 큰스님을 찾아뵈었는데 종종 이렇게 물으셨단다.

"극락에는 길이 없는데 어떻게 왔느냐?"

극락암을 그냥 극락이라고 불렀기에 그렇게 던진 질문이기도 하고, 참으로 불교 공부를 한다면 극락 가는 방법을 알기나 하는 건지에 대한 염려에서 신통한 대답을 기대하지 않고 던진 질문일 수도 있다.

그러나 질문을 받는 입장에서는 자신의 공부를 드러내야 하는 일이라 여간 고민되는 일이 아니었을 것이다. 극락에는 진정 길이 없는 것인가. 만약 보이는 길이 있다면 병목현상으로 오히려 난리가 날 일이다. 극락은 오직 마음의 길이라 자신의 수행으로 그 길을 가면 되는 것이지 찾아가는 길은 아니리라.

그리고 집으로 돌아갈 때에는 "사바에는 구릉도 있고 언덕도 있으니 조심해서 가게"라고 말씀하셨다 한다. 큰스님 말씀처럼 사바세계에는 탈도 많고 말도 많고 사연도 많다. 웅덩이 같은 난관도 있고 힘겹게 올라가야 할 언덕 같은 고뇌도 있어 정신 바짝 차리지 않으면 곤혹을 치르는 경우가 허다하다. 항상 참선의 화두 챙기는 마음으로 살아가지 않으면 환란이 그치지 않는 곳이 사바이다.

이렇듯이 살아가다 보면 어쩔 수 없는 세상살이를 맞게 되는데, 자식을 잃은 어머니의 표현할 수 없는 심정이 그렇고, 남편을 잃은 여인의 기구한 운명이 그렇고, 하고픈 일을 접어야 하는 꿈 많은 소년의 처지가 그렇다. 그럴 때는 전후좌우를 다 재 보아도 답이 나오지 않는다.

그래서 도저히 납득하기 어려운 일에 봉착했을 때 우리는 흔히 전생의 업이라 여겨 인욕하며 수긍하기도 하고, 내생을 기약하며 아예 금생을 접어놓기도 한다. 부처님께서도 사바세계를 감인堪忍이라 했다. 고통의 세상이기에 달게 참고 또 참지 않으면 살아가기 힘든 세상이라서 인욕보살이 되어야 한다는 뜻이다.

그렇기 때문에 사바세계를 살아가려면 자신을 지키고 바로 세워줄 한 가지의 기도는 해야 한다. 그것이 관음기도든 지장기도든 독성기도든 좌선이든 주력이든 참회기도든 어떤 기도든 상관이 없다. 그런데 많은 사람들이 묻기를 어떤 기도를 해야 좋으냐고 한다.

무엇을 하느냐가 아니라 어떻게 하느냐가 문제이다. 아무리 관세음보살님이 대자비로 모든 중생을 끌어안아 주신다 해도, 관세음보살을 부르고 찾아야 가피를 주시는 것이지 공덕을 짓지도 않는데 무조건 구제의 손길을 주시지는 않는다.

세상은 하기 나름이라는 말이 있다. 기도도 마찬가지이다. 누가 어떻게 기도 성취했다는 이야기는 그 사람의 일이지 내게는 무의미할 뿐이다. 오직 세상에 의지할 것은 스스로의 기도밖에는 없다. 밖에서 구한 어떤 것도 나를 끝까지 지켜주지 못하는데 안에서 구해 나오는 기도의 원력은 하늘이 무너지는 세상사에서도 꿋꿋이 나를 버티게 하는 버팀목이 된다는 것을 기억한다면, 구릉과 언덕으로 힘든 이 세상에 나를 지키는 기도 하나쯤은 했으면 좋겠다.

항상 참선의 화두 챙기는
마음으로 살아가지 않으면
환란이 그치지 않는 곳이 사바이다.

세월

    50대 보살님들의 모임에서 있었던 일이다. 전화벨 소리가 울리자 한 보살님이 얼른 전화기를 꺼내어 전화를 받았다. "여보세요? 여보세요? 말씀을 하세요. 여보세요?" 점점 더 목소리가 커지는 가운데 그 옆에서는 조용하게 이런 소리가 들렸다. "여보세요? 응. 그래? 그랬구나. 알았어……."

    알고 보니 먼저 큰소리로 전화를 받았던 그분은 아침에 집에서 나올 때 리모컨을 전화기인 줄 알고 들고 나왔다가 자기 벨소리와 같은 벨소리가 들리자 얼른 리모컨을 꺼내들고 상대가 말을 하지 않는다고 목청을 키웠던 것이다. 요즘은 왜 리모컨이 자꾸 작게 만들어져서 전화기와 구별하기 헷갈리게 하는지 원망스러운 일이다. 그리고 그놈의 건망증은 왜 이렇게 사람들을 나약하게 하는지 알 수 없는 일이다.

    그런 건망증에 나도 예외는 아니어서 차를 세우고 방으로 들어오다가 생각해 보면 도대체 문을 잠갔는지 안 잠갔는지 헷갈리는 경우가 더러 있다. 무엇에 쫓겨서인지 급히 들어왔는데 도무지 문 잠근 것에 대한 생각이 나지 않을 때는 할 수 없이 나가서 확인해야 한다.

한번은 공항에 어른스님 환송을 나갔다가 주차장에 세워둔 내 차를 찾지 못해 너른 공항 주차장을 네 바퀴나 돌면서 스스로 짜증스러워했던 기억이 있다. 분명 여기 어디쯤인데 하고 주변을 맴돌다가 보면 저쪽 다른 곳에서 내 차가 발견되는 것이다. 어찌나 한심하던지 지금 생각해도 어이없는 일이다.

보살님들의 건망증은 열거하기조차 부끄러울 정도의 사소한 것에서부터 시작된다. 그리고 도저히 잊어버리면 안 될 엄청난 사실에 이르기까지 종류도 내용도 다양하다. 기억이 그렇게 없을까를 생각하면 들떠서 덜렁대는 성격 탓이라고 할 수도 있지만, 흐르는 세월을 탓할밖에 다른 이유가 있을 수 없다.

심지어 법당에서 삼배를 하는데 처음에 지극하게 일배를 하고 다시 절을 하다가 두 번 했는지 세 번 했는지조차 헷갈리는 경우가 있다 한다. 과연 상식적으로 쉽게 이해가 가지 않는 대목이다.

한때는 모두들 스스로의 총명함에 자부심을 가지던 사람들이다. 그러나 오는 듯 가는 듯 세상을 변화시키는 세월의 도도한 흐름 앞에서는 어쩔 수가 없다. 그것이 물리적인 것이든 정신적인 것이든 세월 앞에는 장사가 없는 법이다.

그런데도 과거 한때의 또렷하던 기억력과 지혜를 영원히 그런 줄 알고 고집한다면, 그것은 시대의 변화를 수용하지 못하는 어리석은 일이다. 진정한 수행과 기도는 지금 여기에서 일어나고 있는 일에 대한 나의 마음작용인 것이지, 과거 한때의 추억이나 미래의 기대 속에 투영되는 환영 같은 마음작용을 논하는 것은 아니기 때문이다. 그래서 세월만큼 세상을 사는 지혜가 늘어나기도 하지만 빛과 그림자처럼 그만큼의 건망증도 함께 늘어간다는 사실을 간과해서는 안 될 일이다. 더욱 더 기도가 필요한 이유가 여기에 있다.

봉정암의
추억

—

　설악산 봉정암은 매력이 있는 곳이다. 보궁에 오르는 길은 산과 자연, 그리고 인간이 끝까지 서로의 의지를 시험하는 추억이 많은 기도처이다. 앞을 가로막는 바위절벽과 그 끝에 뿌리내려 절개를 자랑삼아 버티고 선 소나무, 그리고 하얗게 부서지는 폭포와 선녀가 목욕이라도 할 것 같은 계곡은 손오공이 구름 타고 금방 나타날 듯한 풍경이다.
　그런 설악산 봉정암으로 매년 가을이 시작될 무렵이면 기도를 다녔다. 더운 여름도 완연한 가을도 아닌 어정쩡한 시기이지만 조금 빠르면 더위에 힘들고, 늦어져 가을이 익어지면 사람으로 단풍이 들어 복잡하기 때문이다.
　올라가는 길도 두세 가지 코스가 있는데 어떻게 코스를 잡느냐에 따라 동참하는 사람들의 마음이 달라졌다. 부끄러운 이야기이지만 오색

약수터를 통해서 대청봉을 넘어 봉정암으로 올라가는 해에는 어김없이 얼굴이 노래지면서 쓰러져서 신도들에게 미안했다. 처음부터 가파르게 나타나는 등산로는 모두에게 적지 않은 부담이었다.

그러나 이곳으로 올라 정상인 대청봉에서 바라보는 설악의 경치는 가히 절경이다. 동해바다를 배경으로 울산바위가 자리하고, 눈 아래로 펼쳐지는 바위산들이 마치 정교한 수석을 내려다보는 듯 황홀하다. 북으로는 금강산이 바라다보이고 때 묻지 않은 숲으로 주변은 언제나 자연 그대로이다.

백담사 계곡으로 오르는 길은 완만해서 여유롭기는 해도 마지막에 만나는 깔딱고개에서는 눈썹도 빼고 가고 싶은 심정이라고들 했다. 개울을 따라 주변경치를 구경하며 서둘지만 않으면 힘든 코스는 아니다. 작년에는 잣을 한 송이 주워서 맛있게 먹으면서 올라갔다.

그렇게 오른 봉정암은 무너질 듯한 바위 아래 얌전하게 앉아 있다. 사리탑도 만만할 정도로 정겹게 모셔져 있다. 그 옛날 어떻게 이 산중에 부처님의 사리를 이렇게 모실 마음을 냈을까. 참 존경할 일이다.

봉정암의 기억 중에 빼놓을 수 없는 것이 하나 있는데 그것은 큰방이다. 힘들게 올라온 불자들이 휴식과 수면을 위해 요술단지 같은 큰방을 사용하게 되는데 오백 명이든 천 명이든 이천 명이든 그냥 꿀꺽 삼켜버리는 신기한 방이다. 물론 들어간 다음의 사정은 내 알 바가 아니라서 유감이지만 말이다. 공간은 좁고 사람은 많아 항상 시비와 언쟁이 끊이지 않는 큰방은 봉정암의 명물이다.

천불동으로 내려오는 길도 볼거리는 오르는 길에서는 느낄 수 없는 빼어난 절경이다. 깎아 세운 병풍바위들 사이로 계곡물을 따라 내려오는 길은, '산을 오를 때는 어떤 신神도 도와주지 않고 내려올 때는 모든 신들이 다 도와준다'는 외국 속담처럼 가속도가 붙어 자칫하면 다칠 수가 있다.

그런저런 기억들을 간직한 채 보다 많은 초심자들에게 희망과 용기를 주고 우리나라에서 제일 높은 적멸보궁에 다녀왔다는 인연을 심어주고자 노력했던 봉정암 기도. 보궁의 포근한 품안을 그려보며 올해는 이 글을 쓰면서 추억 속에서나 다녀올 일이다.

오직 세상에 의지할 것은 스스로의 기도밖에는 없다.

인터넷 세상의
고민

—

　세상이 빨라지고 있다. 그리고 무한히 편리해지고 있다. 편지만 보더라도 옛날같이 종이를 찾을 일도 없고 펜을 들어 구구절절 사연을 적을 일도 없다. 화면상에서 고치고 편집하고 조화를 부려 마음에 흡족하면 바로 보내기만 하면 끝이다. 국적을 자유로이 넘나들고 세대를 무차별 초월하는 괴력을 가진 이메일은 이제 보편적인 통신수단이다. 그렇기 때문에 우표에 침을 묻혀 편지 보내던 시절은 추억 속에서나 기억되고 있다.

　이렇듯 변하는 것은 편지에 대한 것만이 아니다. 문화와 가치관이 다양한 변화 속에 힘겨워하고 있다. 입고 다니는 옷도 더러는 심각한 지경이고, 먹고 마시는 음식도 퓨전요리라고 해서 뒤죽박죽이다. 주거공간을 보면 기능과 깨끗한 환경의 조화로 새로운 개념의 집들이 연출되고 있다. 이런 와중에 '우리' 라는 공동개념에서 철저히 '나' 라는 개인주의로 고립되어 가고, 그로 인해 고독해하는 사람들이 많아졌다. 참으로 야속한 21세기를 느끼고 있는 것이다.

포교원 개원 초기 때의 일이다. 한 불자가 선을 보고는 신랑 후보를 인사시킨 것이 엊그제 같은데 벌써 초등학교에 입학한 여자아이와 6살 남자아이를 두고 있다. 무슨 인연인지 두 아이 다 나를 지극히 따른다. 외출할 때 조금만 신기한 것이 있어도 휴대폰으로 심심찮게 소식을 전한다.

언젠가 이런 일도 있었다고 한다. 하루는 아빠가 아들에게 "스님이 좋아? 아빠가 좋아?" 하고 물었는데 이 녀석이 눈치도 없이 스님이 좋다고 바로 말했다는 것이다. 물론 철없는 어린아이의 말이라고 여기고 넘어갈 수도 있겠지만 아버지의 마음은 기가 찼을 것이다.

아들은 그렇다 치고 8살짜리 딸은 작년부터 매일 이메일로 온갖 사연을 보내는데 안부에서부터 궁금한 것에 대한 질문까지 내용도 다양하다. 그 어린아이가 왜 스님은 결혼하지 않느냐고 한 질문에는 당혹스럽기까지 했다. 그냥 이야기하면 간단한 것을 굳이 문자로 표현한다는 것이 쉽지 않을 뿐만 아니라 어린아이의 시각으로 설명하자니 답장 자체가 쉬운 일이 아니다. 그리고 그럴 시간과 노력이 부족해서 고민하고 있다.

그야말로 인터넷 세상의 고민인 것이다. 가난한 집에 끼니때가 빨리 찾아온다는 말처럼, 모처럼 궁리해서 답장을 보내면 금세 고맙다고 다시 이메일을 보낸다. 그것도 문자만 보내는 것이 아니다. 깜찍한 동영상을 포함해서 보내는데 귀엽고 기발한 내용들이 많다. 이렇게 하는 데 물론 엄마의 도움이 있고 의도가 다분히 깔려 있음을 모르는 바는 아니다.

이런 계기로 해서 부처님과 스님의 인연을 딸과 아들에게 각인시키고자 함이 그대로 느껴진다. 옛날에도 어떤 형태이든 인연의 연결고리를 만들어 자식들에게 신심을 심어주고자 하는 어머니의 지혜가 필요했겠지만 요즘 같은 인터넷 세상에서는 이 이상 더 좋은 방법도 없을 것이라고 여겨진다.

그래서 산중과 도시를 구분할 것 없이 이제 스님들도 세계 제1의 고속 인터넷 통신망이 구축된 이 나라에서 살아가려면 이 부분에 대해 고민 아닌 고민을 해야 할 때가 된 것 같다. 아이들과 모든 사람들의 통신에 큰 역할을 하는 인터넷 세상에서 또 하나의 고민이 생긴 것이다.

고뇌했습니다. 출가의 의미가 무엇인가를.

모든 것
부처님께 바칩니다

—

고뇌했습니다. 출가의 의미가 무엇인가를. 그리고 다시 고민했습니다. 어떻게 살아야 출가의 정신을 살리는 것인가를. 많은 시간 본분과 현실 사이에서 방황했습니다. 마지막 번뇌의 끈을 놓지 못해 힘들어했습니다. 부처님보다는 눈에 보이는 세속의 조건에 더 의지했던 것 같습니다. 못난 중생심만 키웠던 것입니다. 그렇게 보낸 세월을 안고 모든 것 부처님께 바치기로 마음먹었습니다. 이제 참 편안합니다. 마냥 가볍고 자유롭습니다.

먼저 지극한 신심을 바칩니다. 출가하고 어언 세 번의 강산이 바뀌는 것 같습니다. 이제야 조금은 알 것 같습니다. 본래 중생은 없었습니다. 중생이라고 스스로 내팽개쳐진 못난 부처님들만 있을 뿐입니다. 중생이라는 못난 생각 접고 오로지 내가 곧 부처라는 엄연한 진실에 귀의합니다. 나는 부처님입니다. 우리는 부처님입니다. 달게 참아야만 하는 세상, 사바세계에서 인연의 얽힘으로 힘겹기도 하지만 부처님 말씀, 부처님 행동으로 살겠습니다. 때때로 툭툭 튀어나오는 자만심은 아직 수행이 부족한 소치라 더 닦아야겠지만 최소한 부처라는 자존심은 지키겠습니다. 거룩한 진실에 가슴이 벅차 옵니다. 뿌듯합니다. 어느새 세상이 아름다워졌습니다.

내 생명 다하는 그 순간 내 시신도 바치겠습니다. 뇌사 상태에서는 장기도 이웃에 나누겠습니다. 사후나 뇌사 상태에서라는 단서가 붙는 것은 아직 삶에 애착과 미련이 남아 있다는 어리석음이지만 이렇게 마음먹기까지 사실 망설였습니다. 선뜻 서약하지 못했던 것은 삶에 충실하지 못한 까닭입니다. 혹여 사후에라도 시신을 통해 나의 부족함이 드러나지나 않을까 하는 중생심이 남아 있었음을 숨길 수 없습니다. 그러나 그것도 못난 집착이라는 것을 무아의 가르침을 통해 체득하면서 환희심으로 충만하고 있습니다. 이 몸은 사는 동안 잘 관리해서 고스라니 이웃에게 보시하겠습니다.

내가 가진 모든 재산은 부처님 것입니다. 어떤 것도 부모님에게서 받은 것이 아니라 오직 청정한 시주에 의한 것임을 아는 이상 모두 종단에 환원하는 것이 옳은 일입니다. 사는 동안은 현행법상에 한계가 있고 행정상의 합리성을 들어 개인의 이름으로 관리되는 것이 있다손 치더라도 사후에는 반드시 귀속하는 것이 정도라고 생각합니다. 이유 불문하고 삼보정재는 지켜져야 합니다. 따라서 속명으로 관리되는 모든 재산을 종단에 바치기로 유언했습니다. 마침내 걸망을 멘 듯 참 홀가분합니다. 다 던져버린 뒤의 여유, 왜 진작 몰랐을까요?

청정승가를 위한 대중결사를 시작합니다. 결사는 목숨 걸고 하는 마지막 선택입니다. 이 시대는 대중결사가 아니면 개인결사라도 해야 합니다. 그래서 '달라져야 한다'고 '달라지자'고 외칠 일이 아니라 나부터 바로서겠다는 원력이 곳곳에서 일어나야 합니다. 서릿발 같은 은사스님의 호령에 자신을 추스르던 때가 어제 같은데 세월은 삼십 성상을 헤아립니다. 이렇게 가면 금세 팔십 노구를 맞게 될 것 같습니다. 그때 가서 백년탐물일조진百年貪物一朝塵(백 년 동안 욕심 낸 물건은 하루아침에 티끌이 된다)이라고 한들 무슨 소용이 있을까요. 지금이라도 본분에 돌아가겠다는 청정승가를 위한 대중결사를 다행으로 여깁니다. 그러나 당연한 이야기를 장황하게 해야 하는 현실은 여전히 아쉽습니다.

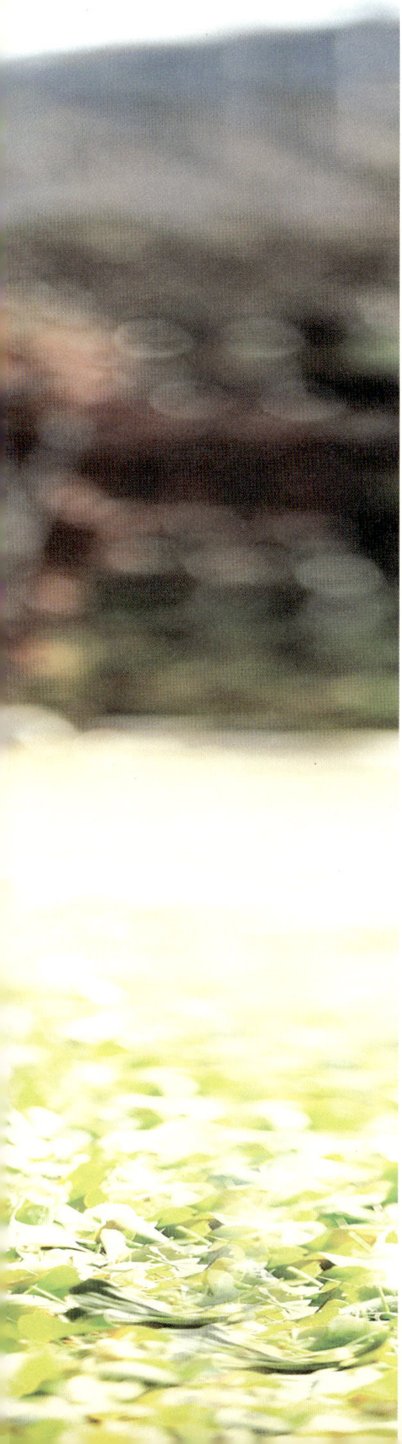

02

Sprout

새싹들의 나들이

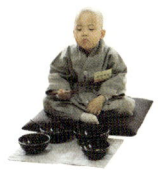

우리 절은 동글동글 동자승들의 깎은 머리가
절 구석구석으로 몰려다니느라 시끌벅적하다.
신기한 것도 많고 궁금한 것도 많고 말도 많고 탈도 많다.
그래서 웃음과 울음이 수시로 교차하는 동자승 세상이다.

다시 봄으로의 회귀

—

비교적 포근하다던 예보처럼 이번 겨울은 두세 번의 한파를 제외하곤 가히 따스했다는 기억이다. 그래서인지 우리 홍법사 근처 냇가에서는 한겨울도 아랑곳하지 않는 개나리꽃이 피어 철모르는 아이인 양 제철을 잊고 서 있는 풍경을 목격할 수 있었다. 그러나 엄밀히 따져보면, 그 또한 순리를 거스르지는 않는다.

따뜻함에 피어오르고 포근함에 제 몸을 드러내니 또 이만한 '공부'가 어디 있겠는가. 그래도, 도심에서 벗어난 때문인지 우리 절에서 느끼는 체감온도는 도심의 그것과는 조금 차이가 있다. 보온을 유지시키는 목도리를 해줘야 겨울을 보다 따뜻하게 이겨내고, 조금 긴 소매의 옷을 입어줘야 여름 저녁을 제대로 나는 등 작은 대처법이 동원되기도 하니 말이다.

봄을 맞는 일도 우리 절에서는 남다르다 할 수 있다. 수목이 왕성한 농장에 둥지를 튼 까닭에 초록의 열림도, 꽃의 반개도 먼저 오는 것을 알 수 있기에 말이다. 참으로 귀한 혜택이다. 그러나 그보다 먼저 오는 것이 있다. 우리 불자님들 마음속에 먼저 찾아드는 향기, 그것이 봄임을 안다. 절기보다 앞서 오는 손님은 바로 봄이다. 입춘기도를 봉행하며 여러 불자님들의 서원을 마음으로 확인할 수 있었다. 희망을 얘기하고 저마다의 행복을 가져다주는 원천이 봄의 기도로 승화되는 노래, 그런 기다림이 합장한 손끝마다 맑은 눈빛마다 온전한 것을 그렇게 알 수 있었다.

"우리 불자님들, 밖을 보려 하지 마십시오. 이번 봄에는 '안'을 보시라는 말씀을 드리고 싶습니다. 밖을 보고자 하면 바로 타인의 허물이 보입니다. 그런 실상을 보노라면 그것은 또 입으로 전해지는 구업口業이 될 뿐입니다. 물론 정견으로 인한 선업을 지을 수도 있으나 우리들의 습이란 것이 그리 명료하지 못해 허물이 먼저 눈에 띄는 까닭입니다. '안'을 본다는 것은 내면을 관하는 일입니다. 나를 바로 보는 일이 먼저 되면 주변이 맑아지는 이유가 됩니다. 부디, 이 좋은 봄의 시작이 '나'를 살피는 지혜가 모아지는 계절이 되길 바랍니다."

3월은 진실로 봄의 시작이다. 제 몸을 얼음 속에 묻어 두었던 도량의 수련이 스스로 꼿꼿해지는, 정돈된 수목에서 미세한 열림으로 새살이 차오는 그런 수순한 섭리. 그렇게 봄은 희망이며 행복의 에너지이다. 얼었던 마음의 빗장을 열어줄 고운 요소가 봄과 함께 오고 있음을 잊지 않길 바란다.

그렇게 봄은 희망이며 행복의 에너지이다.

마음
공부

자랑을 좀 해야겠다. 내가 사는 절은 잘 정돈된 정원을 가진 아름다운 농장이다. 한평생 나무를 가꾸고 모든 재산을 부처님 전에 헌납하신, 팔순을 넘긴 신심 있는 보살님이 만든 공원 같은 절이다.

금잔디 마당이 1,000여 평에 이르고 분재에 가까운 귀한 소나무와 가지가지 모양으로 조각된 나무들로 조화를 이루고 있다. 거기에 영산홍은 다양한 색깔로 앞다투어 자신을 뽐내고 있다.

그뿐인가! 앞은 금정산이 병풍처럼 길게 펼쳐져 사철의 변화를 스크린처럼 보여주고 뒤에는 철마산이 용상처럼 버티고 있다. 도심의 막힌 공간에서는 찾을 수 없는 툭 트인 시야가 속을 후련하게 한다.

법당 앞에는 능소화가 등나무처럼 자라서 여름이면 터널을 이루고, 작년에 심은 150여 종류의 수련이 드디어 꽃을 피우기 시작했다. 그래서 오는 사람들은 한결같이 잘 가꾸어진 나무와 꽃들을 보면서 감탄을 한다.

그러나 좋은 나무가 많다는 것보다 필요 없는 풀들이 적어야 아름다운 것이라고 나는 생각한다. 처음에는 모두들 좋은 나무만 관심 있게 본다. 그리고 더 멋있는 나무를 찾게 된다. 그래서 예쁜 것이라면 무엇이나 욕심을 낸다.

살다보면 눈에 거슬리는 잡초를 없애야 아름다운 환경이 된다는 이치를 알게 된다. 매년 여름 풀 매는 일에 신경을 쓰는 것도 이런 이유 때문이다. 세상에 거저 되는 것은 아무것도 없다. 보기 좋은 정원을 유지하기 위해서는 보이지 않는 땀과 노력이 수반되어야 하는 것이다.

어쩌면 인생도 마찬가지일 것이다. 젊을 때는 착한 일, 좋은 일에 관심을 가지게 된다. 그리고 내 인생을 오로지 멋있는 것으로만 채우려고 한다. 그래서 부나 명예에 관심을 가져 보지만 흐르는 세월 속에 나를 던져 버리고 바라보면, 마치 정원 속에 있는 잡초를 어떤 미련도 없이 뽑아 버리듯 자신 속에 존재하는 마음의 잡초를 제거하는 일이야말로 좋은 공덕을 짓는 것만큼이나 인생을 풍요롭게 만드는 일이라는 것을 알게 된다.

좋은 화장품을 바르는 일보다 묵은 때를 깨끗이 닦는 것이 우선이듯이, 선을 추구하는 것만큼이나 나쁜 일을 하지 않는 것이 진정 아름다운 삶일 것이다.

매사를
따뜻하게

—

　아기의 성장 변화를 보는 엄마의 마음은 언제나 환희요 감동이다. 아기의 우연한 행동 하나에도 세상 부러울 것이 없고 사는 재미가 여간이 아니다. 기어 다니던 아기가 일어서서 중심을 잡는 날이거나, 엄마 아빠라는 말을 가르쳐서 비슷하게라도 발음이 되는 날이면 그날은 또다시 기억해야 할 기념일이다. 하루가 다르게 커 가는 아기는 더 이상 엄마와 분리할 수 없는 그야말로 분신이다.

　그런데 그런 시간이 지나면 감동의 시간도 줄어든다. 그리고 청소년기에 접어들기라도 하면 기쁨보다는 걱정이 앞선다. 혹시 학교성적이 떨어지지나 않을까, 바른 사고를 가지지 못하고 잘못되지는 않을까, 이 험한 세상에 제대로 적응하면서 살아가야 할 텐데 등 걱정이 현실이 되기도 한다.

신도 임원 중의 한 분은 이런 감동을 이야기했다. 절 일로 자주 집을 나오게 되는데 그날도 행사 때문에 급하게 연락을 받고 집을 나오려 하자, 남편 되시는 분이 아들에게 어머니가 아침을 못 먹고 나가게 되니 우유를 사서 드리라고 하더란다. 평상시에 자주 절에 가게 되어 미안하던 차였는데 한 잔의 우유지만 큰 감동으로 남아 더욱 가정을 위해 마음을 쓰게 되었다는 이야기이다. 객관적인 우유 한 잔은 그렇게까지 큰 감동이 될 수 없다. 거기에 내가 감사하는 마음을 담을 때 세상을 녹이는 감동으로 다가온다. 세상은 내가 기쁜 마음으로 바라보면 기쁨인 것이고 내가 메마르면 흐뭇함은 없다.

그러기 때문에 감동은 누가 주는 것이 아니라 내가 느끼는 것이다. 아기가 성장하는 것은 태어난 생명의 당연한 과정이다. 그 변화의 과정을 신기하게 바라보는 내가 스스로 감동하고 실망하고 변덕을 부리는 것이다. 즉, 아기가 내게 감동을 주는 것이 아니라 내가 아기를 통해 그런 감정을 느끼는 것이다.

아기가 내게 감동을 주는 것이라면 끝까지 기뻐야 할 텐데 조금만 커도 부모의 생각과 동떨어진 방향으로 가면서 서운함이 앞선다. 단순히 바라볼 때는 아기의 주장이 적게 작용하니까 엄마 마음대로 꾸미고 좋아하다가 아이의 생각이 커지면 그때부터는 갈등이다.

따라서 매사에 감사하며 사는 사람은 항상 따뜻한 사람이고 복 받은 사람이다. 불만으로 사는 사람은 어디에서고 감사하는 마음이 없다. 그는 삭막한 인생을 자초하고 있는 것이다. 걸을 때에는 걸을 수 있음에 감사하고, 앉을 때에는 앉을 수 있음에 감사하고, 먹을 때 먹을 수 있음을 고맙게 생각해야 한다. 그것이 아무리 일상적인 사소한 일이라 해도 그것조차 할 수 없을 때에 가서 감사함을 느끼기보다 매사를 따뜻하게 바라본다면 그 마음이 극락이다.

내 감성이 살아 있으면 처처에 감동이고 내 감성이 죽어 있으면 만사가 고통이다. 극락을 밖에서 찾지 말고 감사할 줄 아는 마음에서 넉넉한 극락정토를 생각하면 정토 아님이 없다. 거기에 나를 성숙하게 하는 감동이 있다.

땅에 떨어진 목단꽃잎을
바라보며 진정한 가치를 새겨보는 것도
좋은 수행인 것이다.

부모의 짝사랑

—

한세상 살아가노라면 소중한 것들이 참 많다. 어린 시절의 추억이 깃든 작은 물건 하나에서부터 꼭꼭 숨겨놓았던 보석상자나 혹은 골동품 등 보이는 것과 보이지 않는 내면의 것들까지 헤아릴 수 없는 많은 보배를 가지고 있다. 그리고 그 기준은 다분히 주관적이어서 옆에서 시비할 일이 아니다. 타인이 볼 때 아무리 사소한 것이라 해도 본인에게는 더할 수 없는 가치로 존재하는 경우가 많이 있기 때문이다. 그리고 소중할수록 기쁨과 슬픔이 함께 존재한다는 사실을 알 수 있다. 이처럼 많은 소중한 것들 가운데 가장 소중한 것은 무엇인가?

모처럼 볼일이 있어 서울에 갔다. 그날도 길이 설어 택시를 탔는데 기사님의 정치비판이 얼마나 신이 나는지 그런 평론가가 없었다. 마치 세상을 꿰뚫어보는 도인인 양 정치인들을 하나하나 평하는데 대통령에 대한 비판은 극에 달했다. 그런데 이게 웬일인가! 이런저런 말끝에 자식 이야기가 나오자 그 기사님의 태도가 그렇게 달라질 수가 없었다. 하도 신기해서 무슨 일인가 싶어 사연을 물어봤더니, 세상에서 모든 것을 다 마음대로 해도 자식만큼은 마음대로 안 된다면서 대통령의 아들들에 대해서는 함구하는 것이다. 함구하는 정도가 아니라 조금 전까지의 그토록 비판적이던 모습은 어느새 사라져 버리고 오히려 측은지심이 느껴져 위로하는 말투이다.

그러니까 한마디로 다 이해할 수 있다는 눈치이다. 그 기사님도 아들 문제로 골치깨나 썩었던 모양이다. 자식을 키워보지 않은 내가 그 깊은 내력까지는 알 수 없었지만 머리로는 충분히 이해가 갔다. 중학교만 가도 이미 자식이 아니란다. 어느새 동등한 인격체로 봐 달라고 하는 것뿐만 아니라 이미 다 큰 줄 알고 멋을 낸다고 난리인데 부모의 어린 시절과는 보통 다른 것이 아니다. 물론 한 사람의 인생이 성장해 가는 당연한 과정이겠지만 시대가 변할수록 기성세대의 이해가 점점 힘들어지고 있다.

순치황제 출가 시에는 이런 구절이 있다.

"자손들은 제 스스로 제 살 복을 타고났으니

자손을 위한다고 마소노릇 그만하소.
수천 년 역사 위에 많고 적은 영웅들이
동서남북 사방에 한줌 흙으로 누워 있네."

  자식은 저마다 존재의 이유를 가지고 이 세상에 왔다는 이야기이다. 그러니까 자식에 대한 사랑도, 따지고 보면 내가 낳았다고 해서 나의 소유물이나 부분이 아닌데도 많은 부모들은 자식에 대해 무한한 집착을 하고 마음대로 안 되면 괴로워한다. 서로 바라보는 방향이 다르기 때문에 내 생각대로 움직여주기를 바란다면 그것은 욕심이다.

  부모로서의 역할만이 의무일 뿐 권리로 행사할 수 있는 것은 없다고 생각해야 마음 편한 일이다. 내가 부모에게 받은 크나큰 사랑을 다시 자식에게 되돌려줄 뿐 다시 자식에게 바랄 것은 아무것도 없다. 그리고 자식으로 인해 행복해할 수 있는 만큼, 결국 그 자식으로 인해 고통을 받을 수 있음도 알아야 한다. 그래서 부모의 자식사랑은 언제나 짝사랑 인지도 모른다.

어린이 포교의 꽃
동자승 단기출가

—

요즘만 같다면 사는 맛이 난다. 스님이 별소리 다한다 싶겠지만 솔직한 심정이다. 이유는 간단하다. 시선을 돌리는 곳마다 연등 물결이요, 만나는 이마다 부처님 오신 날 준비 이야기로 꽃을 피우기 때문이다. 그래서 생기가 돈다. 사람마다 여유가 있다. 특히 우리 절은 동글동글 동자승들의 깎은 머리가 절 구석구석으로 몰려다니느라 시끌벅적하다. 신기한 것도 많고 궁금한 것도 많고 말도 많고 탈도 많다. 그래서 웃음과 울음이 수시로 교차하는 동자승 세상이다.

올해도 동자승 단기출가를 진행하고 있다. 4살부터 7살까지 10명이 사미·사미니계를 받고 당당한 동자승으로 살고 있다. 출가하는 순간부터는 부모와 가족으로부터 철저하게 분리된다. 말 그대로 출가다. 행자 생활도 일주일을 한다. 그리고 스님들과 똑같이 새벽 4시에 일어나서 예불을 올린다. 집에서는 깊은 잠에 빠져 있을 이른 새벽에 의미를 아는지 모르는지 졸린 입을 옹알거린다. 아침은 고사리손으로 발우공양을 한다. 천수 물과 반찬은 동자승들이 직접 나눈다. 참 곤지랍다. 사시에는 매일 육법공양을 올리고 천수경 독송까지만 동참한다. 사월 초하루에는 부처님 말씀을 외워 신도들에게 법문도 한다. 기가 막히는 일이다.

세상에 이보다 아름다운 모습이 또 있을까. 눈에 넣어도 아프지 않을 자식이라는 표현이 뭔지 비로소 알 것 같다. 마냥 바라보고 싶고 안아 보고 싶고 그래서 있는 것 다 줘도 아까울 것 없는 존재가 자식이라는 세속의 의미가 자연스레 느껴져 온다. 사실 예쁜 모습만 보여주는 것은 결코 아니다. 출가 첫날 밤 집에 가고 싶다고, 엄마 아빠가 보고 싶다고 막무가내로 울어댈 때는 그리움의 사무침이 이런 것인가 하고 마음이 흔들리기도 했다.

그런데 그렇게 울다가 지쳐 잠들고 하루가 지나자 언제 그랬냐는 듯이 도반들과 놀기에 바쁜 동자승을 보면서 여러 가지를 생각했다. 또 화장실만 해도 집에서는 문만 열면 되지만 절은 동선이 길어서 참지 못하는 경우에는 옷에다 실례를 하는 경우도 있었다. 참 난처한 상황이다. 옛말에 "아이는 밤새 똥 싸고 보채도 예쁘기만 하고 노인은 밤새 떡 해주고 밥 해줘도 밉기만 하다"는 말이 있다더니 그래서 아이들을 키우는가 보다.

따지고 보면 동자승 단기출가 기간에 더 힘들어하는 것은 부모나 가족들이다. 어리게만 보아온 서너 살짜리 아이가 21일 동안 집을 떠나 절에서 엄격한 출가 생활을 한다는 것은 결코 쉬운 일이 아니고 가벼운 인연도 아니다. 직계 가족은 말할 것도 없고 외가의 외가까지 관심을 가지고 바라보는 것이다.

출가하는 동자승은 한 명이지만 바라보는 시선은 수백 명이다. 그래서인지 매일매일 사진이 게재되는 홈페이지 접속 수가 평소보다 몇 배는 많다. 이제 동자승은 단순한 한 명의 의미가 아니다. 인연 있는 모든 분들과 심지어 동자승들이 다니는 유치원 선생님들의 댓글은 불교를 바라보는 시선을 교정하기에 충분하다. 이 얼마나 큰 포교인가.

처음 동자승 예비모임에 올 때만 해도 '아저씨' 하고 쫓아다니던 동자승들이 지금은 누구보다 친근하게 스님을 따르는 모습에서 영원히 불자로 살아갈 씨앗을 심는다는 자부심을 가져본다. 이토록 감동적인 동자승 단기출가를 어린이 포교의 새로운 시도로 모든 절들에 권하고 싶다.

과감히
산으로 보내라

―

강원도 양양의 천년고찰 명주사가 있는 산골마을이 내 고향이다. 산세나 소나무 숲이 훌륭하고 맑은 물이 언제나 흐르는 청량한 자연에다 고향이라는 의미가 보태지니 느낌은 각별했다. 초등학교를 강릉에서 다녔던 나는 방학이면 큰집이 있는 고향에 가는 것이 유일한 희망이었다. 사촌들과의 토닥거림이 더러 있었지만, 여름에 쑥을 찧어 귀를 막고 개울에서 물놀이하고 겨울에 비료포대 깔고 앉아 눈썰매 타던 재미는 마냥 기다려지는 연중행사였다. 지금은 출가도 했고 30여 년이 지났지만 그 추억은 삶의 큰 활력으로 남는다.

동자승 단기출가를 하면서 아이들의 능력은 무궁무진한데 다만 엄마들의 인내가 부족하고, 본능적인 사랑과 지나친 관심이 아이들의 능력을 오히려 방해하고 있음을 알았다. 예를 들면 양말이나 신발을 신을 때 조금만 기다려주면 아이는 충분히 할 수 있는데도 엄마의 바쁜 마음과 넘치는 사랑이 그것을 기다려 주지 못하고 신겨 주니까, 아이는 결국 독립적으로 행동할 수 있는 능력은 있으나 행동하지 못하는 아이가 되고 마는 것이다. 더 놀라운 것은 5살부터 7살까지의 동자승들이 전통방식의 발우공양까지 여유 있게 소화해 낸다는 사실이다. 이렇게 볼 때 아이들에게 내재된 무한한 능력을 발휘하도록 엄마들은 우려 섞인 생각을 접고 때로는 객관적인 세계에 내버려 두는 용기가 필요하다.

이제 본격적인 여름이다. 전국 사찰들이 저마다 독특한 프로그램으로 여름 수련회를 준비하고 있다. 예전에는 참선, 염불, 발우공양 등 전통적인 수행을 중심으로 하는 수련회 일색이었으나 요즘 여름산사는 생태나 환경, 문화, 그리고 한문학당이나 선무도 등 그야말로 아이들을 위한 종합수행도량으로 거듭나고 있다. 앞서가는 절에서는 산과 강, 바다가 어우러지는 전천후 체험을 통해 한층 더 성숙된 자아를 형성하는 데 기여하고 있다. 자연과 어우러진 산사에서 느껴지는 정취는 아이들의 감성을 키워주는 최상의 법문이고, 다양한 교육 프로그램들은 불교가 가진 정신문화의 꽃이며 시대를 포용하는 불교의 저력이다.

요즘 아이들에게는 잘 보전된 자연환경을 고향으로 간직하기가 쉬운 일이 아니다. 어지간한 시골도 도로 포장과 마을 정비로 도시화되고 있다. 청소년기의 추억을 만들 수 있는 기회가 원천적으로 사라져 가고 있는 듯하다. 자연은 고사하고 아예 찾아갈 고향이 없는 아이들도 많다. 우리의 기억 속에 남아있는 아름다운 추억들이 단절되는 것 같아 안타깝다. 이런 우리의 어린이들에게 영혼을 울릴 소중한 체험을 할 수 있게 하는 곳은 이제 절밖에 없다.

  수련회에 보내는 부모들 중에는 잠자리와 모기에 신경을 쓰는 경우도 있다. 소중한 자식을 힘들게 하고 싶지 않은 부모의 마음은 십분 이해한다. 하지만 여름만큼은 산에서 흐르는 시냇물이 생명수 되고 숲이 활기찬 호흡을 내놓는 여유로운 산사로 우리의 아이들을 과감하게 보내자. 평생을 풍요롭게 할 마음의 보배가 거기 무진장으로 쌓여 있다.

시대를 읽는
영어 템플스테이

—

절 구석구석에서 아이들이 영어로 말하는 소리가 들려온다. 거창하지도 못하고 마음처럼 자연스럽지도 않지만 마냥 즐겁다. 뜻 모를 산만한 단어들이 온 도량을 떠돌고 있다. 평범한 음악도 영어로 들으니 새롭기만 하다. 거기다가 원어민 선생님도 쩔쩔매게 만드는 아이들의 엉뚱한 콩글리시가 웃음바다를 이룬다. 한 아이가 보랏빛 꽃이 만개한 등나무를 보면서 '랜턴 트리(lantern tree)'라고 호들갑이다. 등이 '랜턴(lantern)'이고 나무가 '트리(tree)'니까 등나무는 '랜턴 트리(lantern tree)'라는 것이다. 그러자 한 선생님이 "그러면 바퀴벌레는 '휠 버그(바퀴 wheel, 벌레 bug)'겠네?"라고 해서 자지러진다. 말이 안 되는 줄 알지만 거리낌도 망설임도 없다.

여기서 우리는 아이들이 모든 사고를 영어식으로 하고 있음을 알 수 있다. 어떤 대상을 인식하고 그것을 자기가 아는 영어 지식을 총동원해서 표현하고자 노력하는 것이다. 이것이 영어 템플스테이의 한 단면이다. 이렇듯 홍법사 영어 템플스테이는 횟수를 거듭할수록 아이들에게 친근하게 다가가고 있다. 새벽 4시에 일어나서 진지하게 예불과 참선, 108배, 발우공양을 한다. 다소 힘든 시간이다. 공양게송을 영어로 하고 다 외우면 선생님께 스티커를 받는다. 반야심경도 영어로 독송해 본다. 만만치는 않다. 설문을 통해 보면 108배 하는 시간은 가장 싫어하는 시간 중의 하나다. 하지만 피부색이 다른 원어민 선생님과의 흥미 있는 시간들을 생각하면 그 정도는 감수해야 한다는 것쯤은 이미 알고 있다. 이것이 자연스레 부처님 품으로 인도하는 간접 포교다.

때로는 자유롭게 체험한다. 예를 들면 샌드위치 만들기 수업이다. 먼저 버섯, 콩으로 만든 햄, 키위, 사과 등 여러 가지 재료가 있는 코너에서 자기가 먹고 싶은 것을 영어로 주문한다. 다음 코너에 가서 따끈따끈한 치즈 샌드위치를 만드는데 그때도 일상의 대화를 영어로 나눈다. 어쩌면 영어보다 완성되어 가는 샌드위치에 더 관심이 가는지도 모르겠다. 완성된 샌드위치를 가지고 음료수 코너에 가서도 영어로 주문한다. 그런데 수업준비 시간에 그토록 반복해서 배웠건만 원어민 선생님 앞에만 서면 몸과 마음이 따로 논다.

그러나 일석 사조다. 간단한 영어도 배우고 샌드위치도 먹고 요리하는 방법도 배운다. 그리고 무엇보다 중요한 것은 딱딱하게만 느껴졌던 절 도량 안에서 마음껏 재미를 느낀다는 것이다. 그래서 영어 템플스테이는 불교 포교의 새로운 희망을 보여준다.

알다시피 한국은 지금 영어와의 전쟁 중이다. 초등학교와 중·고등학교에서는 원어민 선생님을 만나는 일이 더 이상 특별한 일이 아니다. 우리 주변에도 이미 많은 외국인들이 함께 살고 있다. 조그마한 학원은 말할 것도 없고 어지간한 유치원에서조차 원어민 선생님을 두고 있다. 거기다가 이웃 종교에서는 아예 외국인을 채용해 두고 신도 아이들을 관리하고 있다. 그래서 노는 토요일에 개설되는 이웃 종교 프로그램에서는 다양한 영어 관련 교실이 원어민을 전제로 해서 운영되고 있다. 다른 종교의 발 빠른 세계화에 비하면 불교계의 영어 포교는 미약하기 이를 데 없다. 현실의 흐름을 읽어 동시대의 사람들과 공감할 수 있는 포교 방법이 절실하다. 시대를 읽지 못하는 불교는 결국 시대가 읽지 못하는 불교가 되고 만다.

출가란 자신을 위한 일이기도 하지만
이타의 정신이 어쩌면 더 필요한 일이기도 하다.

작지만 아름다운
입학식

—

　실상사의 3월은 활기가 있었다. 매화가 꽃망울을 터뜨리기 시작하고 날씨가 좋은 덕분이기도 했지만 불교계 처음의 중등과정 비인가 대안학교인 '작은학교'가 제2회 입학식을 하고 있는 것이 더 분명한 이유였다. 불교계에는 아직 생소한 대안학교는 제도권 교육의 문제를 보완하고 아이들을 가장 천진스레 교육하고자 새롭게 대두되는 교육제도이다. 아직은 뚜렷한 학교시설 없이 실상사의 일부 건물과 마을의 공간을 이용해 운영하고 있다. 거기에 있는 것은 오직 교사들의 대안교육에 대한 열정과 사랑으로 이루어지는 열린 교육의 마음뿐이다.
　그런 작은 학교인지라 형식이나 공간도 여느 입학식과는 사뭇 다르다. 커다란 운동장도 아니요, 흔히 도심 학교가 가지는 큰 강당도 아니다. 그저 산사의 크지 않은 대중방이다. 분위기도 경직된 것이라고는 찾아볼 수 없이 자유롭고 화기애애하고 순박하다.

학생이라야 신입생 13명을 포함해서 모두 26명뿐이라서 말 그대로 정말 작은 학교이다. 형태로 보면 분명 작은 학교이지만 그러나 의미로 보면 결코 작지 않은 학교이다. 왜냐하면 앞으로의 시대가 걸어가야 할 교육모델을 먼저 가고 있기 때문이다.

식순도 단순해서 먼저 개회하고 지리산과 모든 곳에서 유명을 달리하신 분에 대한 묵념을 한다. 의례적인 인사말 후에는 교사들이 직접 생기 있고 소신에 찬 표정으로 자기소개를 한다. 신입생도 모두 다 입학소감을 말한다. 입학하게 되어서 큰 기쁨이라는 말과 열심히 하겠다는 각오가 기특하고 수줍어하는 모습이 아름답다.

이어서 1회 선배들이 후배를 환영하고 2회 신입생이 답례하는 춤과 노래의 자축무대가 진행되는데, 그렇게 세련되지는 않았지만 정겨움이 느껴져 모두가 한 가족임을 확인할 수 있는 좋은 시간이었다.

학부모 대표가 제도권의 학교가 가지는 아픈 경험이 담긴 내용으로 인사말을 하자 간혹 여기저기서 눈물을 보이는 학부모가 보인다. 부모들의 옷차림새도 두루마기, 개량한복, 양복과 양장 등 대안학교의 학부모라는 자부심만큼이나 다양하다.

이어서 학부모 전체가 축가를 부르는데 밤새 준비했다는 설명만큼이나 어색한 모습이 역력했다. 노래는 god의 '길'이라는 노래였는데 가사의 의미는 대단했지만 실제로 노래를 부르는 대목에서는 빠른 리듬에 박자 처리가 힘겨웠다. 마음이야 그보다 빠르다한들 어찌 못하겠는가마는 어느새 몸이 따라주지를 않는다. 아이가 중학교에 가는 기쁨만큼이나 부모들의 나이도 들어가고 있었다.

그렇지만 지금껏 가졌던 가치관과 고정관념이 무너지고 있음을 확인하는 자리였다. 옆 사람을 경쟁상대로만 인식하는 요즘의 세태에서 보면, 어느 중학교 입학식에서 최신 유행가를 부모들이 합창하는 모습을 볼 수 있으며 학부모들이 같이 밤새워 연습하는 공감대를 느낄 수 있겠는가.

행사 마지막으로 참여한 사람이 다같이 '터'라는 노래를 불렀다. 우리가 지키고 가꾸고 책임져야 하는 곳, 그곳은 이제 이 지구를 의미하는지도 모른다. 너와 내가 무너지는 연기론에서는 지구도 크지 않다. '작은학교'가 존재하는 그곳이 바로 이 터이다.

작지만 아름다운 '작은학교' 입학식을 보면서 이 시대의 모든 아이들이 이렇게 행복해하는 입학식을 했으면 좋겠다는 바람을 가져본다.

유발상좌
포교의 아름다운 전통

—

우리네 절집안에는 아름다운 제도들이 많이 전해져 내려오고 있다. 그 중 하나가 어린이 포교를 확실히 할 수 있는 유발상좌, 일명 마을상좌라는 제도이다. 유발상좌란 삭발 출가하지 않고 재가자의 삶을 그대로 살면서 존경하는 스님의 제자가 되는 것을 말한다. 어린 자식이 보다 훌륭한 사람으로 성장하는데 스님을 통해 부처님의 가르침을 의지하게 하는 거룩한 종교 의식이다. 세간에서는 일명 자식을 판다는 말로도 통한다. 부모의 신심으로 존경하는 스님께 아이를 바친다는 뜻이기도 하고 소중한 자식이 건강이 안 좋거나 명이 짧게 태어났다는 등의 신상문제에 따른 해결책으로 스님과 인연을 맺는 경우도 있다.

스님이란 삶에 고뇌하며 진리를 체득하는 인생의 큰 스승이다. 언제나 맑은 영혼을 지니고 번뇌에 몸부림치는 중생들의 이고득락을 위해

기꺼이 희생하는 분들이다. 불전에서는 출가를 이렇게 표현하고 있다.

"우리가 숲 속으로 들어가는 것은
사람을 피하기 위해서가 아니라
그들을 발견하는 방법을 배우기 위해서다.
우리가 사람들을 떠나는 것은
그들과의 관계를 끊기 위해서가 아니라
그들을 위해 최선을 다할 수 있는
그 길을 찾아내기 위해서
수행의 길을 택하는 것이다."

그렇다. 출가란 자신을 위한 일이기도 하지만 이타의 정신이 어쩌면 더 필요한 일이기도 하다. 특히 요즘 같은 혼돈의 시대일수록 보살의 마음으로 따스한 자비를 베풀어야 한다. 시대는 아파하고 있는데 치유해 줄 보살로서의 출가자가 없다면 불교가 존재해야 할 이유가 없다. 불교가 내 덕을 보게 할 신심이 우리 스님들에게 먼저 넘쳐나야 한다. 이것이 스님들이 살아가는 존재의 이유이며 가치다. 그리고 시대가 요구하는 사회적 역할이다.

이렇듯 자리自利는 물론 이타利他의 정신세계로 한 생을 살아가는 스님의 제자가 된다는 것은 참 의미 있는 일이다. 힘한 세상, 의지할 스승이 있으니, 든든하고 담백한 정신세계를 공유할 수 있으니 여유롭다. 일 년에 몇 번이라도 은사스님의 절이자 나의 원찰인 다니는 절을 찾아 적막한 산사의 정취를 느끼거나 새벽예불의 아련한 도량석 소리를 들으면서 하루를 시작해 본다면 그는 행복하다. 거기다 차 한 잔을 앞에 놓고 은사스님과 인생에 대해 허심탄회한 이야기를 나눠 본다면 세상을 사는 데 두려울 일이 없다. 자연과 호흡하고 진리와 마주하기 때문이다. 그래서인지 지금도 성공한 재가자들 중에는 옛 큰스님의 마을상좌들이 많이 있다.

오늘날 어린이 포교가 스스로 불자라고 밝힌 숫자의 1%인 현실을 감안하면 모든 스님들이 마을상좌를 많이 두어야 한다. 그래야 세상을 알고 부모의 마음을 알고 포교의 현실을 알 수 있다. 그저 법회에 나오는 정도로는 그 아이를 영원히 불자로 만들기에는 뭔가 부족하다. '너는 부처님의 제자이며 동시에 스님의 진리의 아들이다'라고 확인해 주어야 한다. 아이들은 성장기가 중요하다. 천진무구의 깨끗한 동심에 자비와 복덕, 지혜의 불심을 심으면 그 효력은 영원하다. 그대로 불국토가 되는 것이다.

인재를 키우자. 오면 오고 말면 마는 수동적 어린이 포교가 아니라 적극적으로 '너는 내 제자다' 라는 마음자세로 다가가자. 도시에 사는 아이에게 언제라도 찾아갈 수 있는 별장 같은 시골 절의 은사스님이 계신다면 그 아이는 아마도 환경적으로 삭막한 이 세상에서 가장 행복한 부자가 아닐까.

부처님께서 우리 중생들에게 보여주신 길은 두 가지다.
하나는 지혜의 길이고, 하나는 자비의 길이다.

천진불 세상을
꿈꾸며

—

　도량은 온통 재잘대던 아이들의 흔적으로 가득하다. 신종플루로 늦게, 그것도 절에 나오는 아이들만으로 하여 조촐한 여름 수련회를 가졌다. 평상시 막아 놓았던 잔디밭도 개방하고 모든 개념을 자유로운 콘셉트로 바꿨다. 모처럼 물놀이로 난장판이 되어 옷이 다 젖었다. 공양도 평소보다는 품위 있게 준비했다. 마냥 즐거운 시간이다. 물론 예불이나 108배 등 신행의 시간은 진지하기만 하다. 그렇게 하루가 지나고 지금은 다시 절의 고요함으로 돌아왔다.

　이 시대의 화두는 어린이 포교다. 다양한 계층이 있지만 어린이에 대한 관심은 불교의 미래가 달린 중요한 일이다. 그런데 인구조사에서 불교라고 종교를 표시하는 아이들의 1%도 법회로 못 끌어들이는 현실을 보면 착잡하다. 거기다 저출산으로 어린이 법회가 위축된다고 진단할 때는 어이없다는 말을 실감한다. 분명히 말하거니와 빈약한 어린이 포교의 원인은 저출산이 아니라 주지스님들의 관심 부족이거나 종단의 방법 부재에 있다.

어린이 포교의 역사를 보면 공식적으로는 1923년 강릉의 금천유치원이 효시다. 그리고 법회로는 1928년 백용성 스님의 일요대각학교가 시원이다. 그렇게 시작된 이래 도심 포교원이 활성화되던 1980년대에 급성장을 이루었다. 또한 사단법인 동련의 모체인 대한불교어린이지도자연합회와 어린이 찬불가 보급의 주역인 좋은 벗 풍경소리, 그리고 불교레크리에이션협회의 부단한 노력으로 성황을 이루다가 2000년대에 접어들면서 다시 생각만큼 성과를 내지 못하는 현실이 되었다.

이런 현실을 감안할 때 이제는 개별 사찰보다는 종단의 역할이 필요하다. 먼저 0살부터 3살 정도까지의 어린이를 대상으로 영유아 수기대법회를 여는 것이다. 종단이 나서서 영유아 수기의 의미를 경전에서 찾고 의식을 정리해서 홍보하고 붐을 일으켜 정초기도 때나 아니면 한날한시에 전국적으로 수기법회를 열 수 있도록 분위기를 조성하는 것이다. 얼마나 장엄한 일이겠는가. 태어나면서부터 나는 불자라는 의식을 자연스레 심어야 한다.

그리고 4살부터 7살까지는 동자승 단기출가학교를 만들어서 운영하는 것이다. 최소한 각 교구본사나 가능한 단위 사찰에서 운영하도록 종단 차원의 홍보와 공통된 커리큘럼 지원이 있어야 한다. 이 과정에서 신행과 예절, 인격을 키울 수 있는 불교만의 교육이 이루어진다면 충분히 경쟁력 있는 프로그램이 될 수 있다. 그래서 절마다 동자승 천진불들이 뛰어논다고 가정하면 상상만으로도 신심 나는 일이다. 태국의 국민이 어려서 출가를 경험하는 것을 최고의 영광으로 생각한다고 하듯이 우리도 그런 문화를 만들어 가야 한다.

그뿐이 아니다. 모든 청소년 불자들이 큰스님이나 다니는 절의 스님들과 인연을 맺는 마을상좌 수계법회를 매년 출가재일로 선포하고 적극 장려하는 일이다. 많은 큰스님들이 그래왔듯이 신도 자녀들을 덕망 있는 스님과 인연 맺어 귀의하게 하고 인생의 고비마다 의지할 수 있게 유도한다면 어린이 청소년 포교는 괄목할 만한 발전이 있을 것이다.

그러므로 여건이 어려운 각 절에서 어린이 법회라는 화두를 안고 고민만 하게 할 것이 아니라 종단 차원에서 수기법회의 당위성이나 동자승 단기출가의 가치, 그리고 마을상좌의 소중한 인연을 적극적으로 알려 새로운 신행의 붐을 일으켜야 한다. 이런 움직임이야말로 당장 할 수 있는 가장 효과 있는 포교의 개념이 되리라 확신한다.

인간 중심에서 생명 중심이라는 대전환의 지혜를 깨닫고 보니
부처님의 연기법대로 사람이 살려면 환경이 살아야 하고
환경이 살아 있지 않으면 사람도 살 수 없다는 소중한 진리를 알게 되었다.

세뱃돈

―

　어릴 때는 설이 되면 세배를 한다는 것보다 세뱃돈을 받는다는 것이 더 큰 기쁨이었다. 그러나 살아가다 보니 세뱃돈은 그저 형식일 뿐 세배 드릴 어른이 계신다는 것이 얼마나 큰 기쁨인지를 알게 되었다. 용돈이든 세뱃돈이든 받을 곳이 없어진다는 것이 곧 세월을 느끼게 한다.
　그러니까 40~50대가 되면 웃어른께는 넉넉한 세뱃돈을 드려야 하고 아들딸들에게는 소박한 세뱃돈을 주어야 하는 위치에 서게 되는 것이다. 그래서 나가기만 하지 들어오는 것은 없는 경우가 대부분이다. 포교원을 개원하고 한두 해쯤부터의 일이다.
　설이 되면 신도들과 명절을 공유하기 위해 정초기도 입재하는 날 불자들에게 세배를 받고 세뱃돈을 주기 시작했다. 그것도 그냥 주는 것이 아니라 한지로 명함 크기만 한 작은 봉투를 직접 만들어서 한자로 복福자를 크게 찍고 천 원짜리 신권을 3분의 1 크기로 접어 넣어주는데 해마다 한지 색깔을 달리 한다. 그 안에는 돈뿐만이 아니라 법당 사진이나 일출 사진, 연꽃 사진 등을 해마다 달리 해서 하나씩 넣어서 준다. 부자 되라는 말이 유행할 때는 누런 황금색 한지로 봉투를 만들고 한자로 붉은색 복福자를 찍었다. 그리고 연꽃 사진을 넣었다.

처음에는 그냥 한번 해보는 정도로 시작된 일인데 이제는 정초에 이것을 받지 못하면 서운해할 정도다. 세배를 한 본인이 받는 것은 물론 마땅한 일이다. 그런데 절에 오지 않은 막내아들이나 손자 몫까지도 받아야 마음이 편안할 만큼 간절한 의미를 가지게 되었다.

사실 단순히 단돈 천 원이라면 그렇게 간절하게 달라고 하지 않을 것이다. 돈의 의미가 아니라 복의 의미이기에 더욱 받고 싶은 것이다. 그것도 절에서 스님이 주시는 것이라 호감이 간다고 한다. 그래서 정초기도 때 절에서 느끼는 또 하나의 재미로 자리를 잡았다.

의미야 어떻든 어린 아이들은 돈의 액수에 관심이 가는 것이 어쩔 수 없는 현실이다. 그저 눈에 보이는 천 원이 전부인 것이다. 그래서 두 개 세 개 받고 싶어한다. 그렇지만 어른들은 세뱃돈을 돈이 아니라 일 년 동안 행운과 복을 가져다주는 마음의 징표로 여기기에 지갑 속에 고이 간직한다. 잘못 간수하여 손상되었다거나 더러 지갑을 잃어 버렸을 때 제일 안타깝게 생각하는 것이 바로 이 세뱃돈이다.

한 해가 지난 후 그 돈의 쓰임새도 다양하다. 차곡차곡 모아서 집안의 보배로 간직한다는 사람도 있고, 무슨 의미인지는 모르나 딸 시집보낼 때 준다는 보살님도 있었다. 복지시설의 후원금으로 내는 경우도 있고 더 보태서 불전함에 넣는다는 이야기도 들었다. 저마다 소중한 의미를 담아 아름답게 회향하고 있었다.

작지만 크게 의미 짓고 희망과 의지의 상징으로 여겨지는 부처님 세뱃돈이 많은 절에서 보여지면 좋겠다.

신명 나는
부처님 오신 날을 위하여

—

 부처님 오신 날을 어떻게 하면 제대로 봉축할 수 있을까? 마음 같아서는 뭐든 많이 준비해서 홍법사를 찾는 불자들에게 보여주고 싶다. 그래서 부처님 오신 날이 모든 이들의 축제의 날이 되어 세상을 밝히는 좋은 인연이 되기를 기대한다. 올해도 모든 신도들과 단체에서 마음을 내어 신명 나는 부처님 오신 날을 준비하고 있다.

 첫째, 부처님과 함께하는 21일간의 동자승 단기출가 수행 프로그램이다. 10명의 예비 동자승들은 이미 지난 10월부터 차곡차곡 정해진 프로그램에 따라 적응 과정을 밟고 있다. 불교는 고사하고 스님을 아저씨라 부르던 첫 번째 만남에 비하면 지금은 반공부는 시켜놓은 셈이다. 이제는 합장도 잘하고 스님이라고 부를 줄도 안다. 출가하면 일주일 동안은 행자 생활을 한다. 새벽 4시에 일어나서 세수하고 줄을 서서 예불에 참석하고 발우공양도 한다. 그 후에 삭발 수계식을 하면 말 그대로 동자스님이다. 그렇게 2주일을 스님으로서 생활하고 나서 부처님 오신 날 저녁에 환계식을 하면 다시 일상의 어린이로 돌아가게 된다. 일생 잊지 못할 좋은 추억과 경험이 될 것이다.

둘째, 의미를 담아 절을 하는 김영동의 '생명의 소리 108배'와 3천배 기도이다. 걸망 메고 떠나는 홍법사 108산사 순례의 두 번째 순례지인 경주 황룡사지에서 김영동의 '생명의 소리 108배'를 하면서 많이들 울었다. 일배, 일배마다 의미를 담아 천천히 올리는 108배는 새로운 경험이었다. 부처님 오신 날을 맞아 새로 지은 독성각 앞에서 그때의 감동을 생각하며 홍법사 모든 식구들에게도 기회를 주고자 마련했다. 음력 4월 1일부터 5일간 직장인을 생각해서 매일 밤 8시에 시작한다. 그리고 더 절을 할 사람들은 9시부터 1시간 동안 500배를 하게 되는데 5일 동안 3천배를 마치게 된다. 많은 사람들에게 사랑과 감동이 전해질 공간이 될 것이다.

셋째, 성년의식 및 스승의 날 행사이다. 홍법사에서는 성년의식이나 스승의 날 행사를 부처님 오신 날 하는 것을 전통으로 삼기로 했다. 부처님 오신 날은 이미 축제일이고 기념일이다. 이날 오후 2시에 스승의 날 행사를 하고 오후 4시에는 성년의식을 치른다. 물론 성년의식에 참여하고자 하면 신청을 해야 한다. 그리고 부모 자식 간에 주고받을 선물을 준비해야 한다. 많은 의미가 담겨질 행사이다.

넷째, 인간불교 독서회 청천 거사님의 관음연못 솟대 전시이다. 언제나 묵묵히 예술적인 감각으로 신행을 하시는 청천 거사님이 만든 솟대 전시를 관음연못 주변에서 할 예정이다. 솟대가 가지는 한국적인 멋과 창의적인 작품은 홍법사의 자연과 어우러져 또 다른 볼거리가 될 것이다.

다섯째, 온 가족이 하나 되는 가족큰잔치와 불꽃놀이다. 부처님 오신 날의 꽃은 저녁이다. 이번에는 보여주는 한마당이 아니라 함께하는 한마당을 기획하고 있다. 춤추고 노래하는 세상, 정토를 여기서 만들자는 뜻이다. 밤하늘을 수놓는 불꽃 아래에서 사물에 몸을 맡겨 어우러지는 환상의 도가니로 회향할 생각이다. 이 외에도 다양한 준비를 하고 있다.

부처님께서는 이 세상을 행복하게 하기 위해서 오셨다. 우리 불자들이 함께 행복하고 아름다운 세상을 만들어 간다면 무엇보다 부처님이 흐뭇해하실 일이다.

걷하는 동안 들려오는
스님의 염불 소리는
잠든 영혼을 깨우는 잔잔한
천상의 울림이었다.

삼배
가장 아름다운 예경

―

출가 초기에 본, 은사스님을 친견하는 신도들의 극진한 삼배는 경이롭기까지 했다. 신도는 선지식을 뵙는다는 설렘으로 지극한 절을 올리고 옆에서 지켜보던 나에게는 스님이라는 정체성을 다시금 생각하게 하는 환희로운 의식이었다. 삼배하는 시간은 그다지 길지 않지만 절을 하는 사람이나 받는 스님이나 많은 생각을 하게 한다. 그렇게 신도들이 삼배를 올릴 때면 은사스님은 나지막한 소리로 삼귀의를 하셨다.

"붇담 사라남 가차미……. 귀의불 양족존……. 거룩한 부처님께 귀의합니다……."

절하는 동안 이렇게 들려오는 스님의 염불 소리는 잠든 영혼을 깨우는 잔잔한 천상의 울림이었다. 생각하면 지금도 전율이 느껴져 온다.

세월이 흘러 이제는 삼배를 받는 입장이다. 언젠가 한 신도가 모습도

단아하게 절을 하기에 일배만 하라고 했더니 '가만히 앉아 계세요' 라며 굳이 삼배를 하고는 '스님은 삼보입니다' 라고 한다. 순간 뭔가에 얻어맞은 기분이었다. 삼보는 세상에서 가장 훌륭한 보배이다. 그리고 삼배는 그 보배를 향한 불자들의 예경이다. 내가 믿고 따르는 부처님과 가르침, 그리고 승가에 대한 예경은 일상의 예의 정도에서 주고받는 인사가 아니라 세상 어느 경우보다 숭고한 공경을 표하는 종교의식인 것이다.

그런데 언제부턴가 삼배가 일부 큰스님에게만 하는 것으로 인식되고 있다. 그래서 대개의 스님들조차 나에게는 하지 말라고 사양하면서 그것을 마치 겸손인 것으로 여기지만 엄밀히 따지자면 그것은 잘못된 생각이다. 비록 내가 큰스님이 아니고 도를 성취하지 못했으며 공부가 부족하다 하더라도 삭발 출가한 승가이기에 신도들에게는 무엇보다 소중한 삼보이다. 자칫 삼배를 받아야만 한다는 이야기가 아니다. 신도는 삼배를 통해 귀의삼보하는 신심을 돈독하게 하고 스님은 고귀한 삼배를 받으면서 출가의 정체성을 찾아 서로 상생의 계기로 삼자는 말이다.

동남아의 불교를 보면 아침 걸식을 할 때 어린 사미든 법을 갖춘 비구든 거리로 나가서 신도들이 올리는 공양을 당당하게 받는다. 공양을 올리는 신도는 한없이 머리를 숙여 존경의 예를 갖추지만 받는 스님은 의연하게 서 있을 뿐 고개를 숙이지 않는다. 부처님의 가피를 축원하는 약간의 염불이 있을 뿐이다. 이것이 남방불교의 전통적인 모습이다. 신도의 공경을 받는 일은 스님으로서는 당연한 일이면서도 한편 두려운 일이다. 왜냐하면 그 공경만큼의 수행과 공덕을 짓지 않으면 반대로 그 이상의 업을 짓는 일이기 때문이다.

때로 아이들을 데려오는 경우에 부모는 일배를 하고 아이에게는 삼배를 시키는 경우가 있다. 부모는 자주 친견하니 일배만 하고 아이들은 모처럼 왔으니 삼배를 하라고 한다. 이것은 잘못이다. 자주 친견하고 못하고의 문제가 아니라 삼보에 대한 예경을 한다면 삼배를 하고 다만 존경하는 분이라고 생각한다면 예의 차원에서 일배만 하면 된다.

부처님을 향한 삼배나 법상에 오른 어른스님께 정중히 올리는 삼배는 가장 아름다운 예경이다. 스님과 신도의 관계가 다소 느슨해지는 요즘의 세태 속에서 절했다는 명분만 찾는 절이 아니라 귀명삼보의 신심이 더욱 더 확고해지기 위해서는 일상에서 어느 스님에게나 삼배하는 모습이 더 많이 보였으면 좋겠다.

장애인 불자의 신심

—

　한 달에 한 번 우리는 조금은 다른 모습의 법회를 한다. 한쪽은 앞을 보지 못하는 맹인불자들이 자리하고 다른 쪽은 말을 하지 못하는 농아불자들이 앉아 함께 법문을 듣는다. 도대체 어떻게 법회를 한다는 것인가!

　법문은 정상적으로 말을 통해서 이루어진다. 그러면 맹인불자들은 열심히 듣고 고개를 끄덕이며 웃기도 하고 대답도 하면서 바로 반응을 보인다. 그래서 농아보다는 맹인에게 법회 하기가 쉽다. 그런데 농아들은 법문하는 나를 보지 않는다. 오로지 수화 통역을 하는 선생님을 본다. 그리고 한 박자 늦게 반응을 보인다. 고개를 끄덕이는가 하면 수화로 그들 나름의 공감대를 형성한다. 그런데 부처님을 향한 아름다운 공통점이 있다. 농아든 맹인이든 모두가 매우 진지하고 대단한 신심을 보인다는 것이다.

　부처님 오신 날이면 부산역 광장에서 3천배를 했다. 그때도 농아불자 중에서 세 사람은 3천배를 거뜬히 다 했다. 그게 뭐 대단한 일이냐 싶겠지만 들리지 않으면 박자감각이 없어서 오로지 고요의 세계에서 스스로 박자를 세면서 눈의 감각으로 속도를 맞추어야 하기 때문에 보통 사람보다 몇 배나 힘들다. 그런데 원만히 해내는 것을 보고 크게 놀랐다. 거기서 그치지 않고 매달 1,080배 참회 기도에 꾸준히 참석하는 것을 보며 가슴이 뭉클했다.

　어느 해인가는 찬불가 수화 발표회를 했는데, 소리를 낼 수 없는 그들이었지만 알 수 없는 곳에서부터 느껴져 오는 애절한 마음작용으로 인해 뜨거운 눈물이 쏟아져 쳐다볼 수 없게 했다. 무엇이 그토록 뜨거운 눈물을 흘리게 하는지 알 수 없는 일이다.

　맹인불자들도 대단하기는 마찬가지다. 법회 때 여유 시간이 조금 있었는데 한 분이 "우리『관세음보살보문품』이나 외울까?" 하고 제안을 하더니 바로『관세음보살보문품』을 줄줄 외워 내려가는 것이다. 신기해서 가만히 들어봤다. 그뿐만이 아니다.『금강경』『천수경』할 것 없이 못 외우는 경이 없다. 사실 일반 불자들 중에도『금강경』이나『관세음보살보문품』을 외우는 사람은 드물다. 얼마나 외우고 얼마나 간절했기에 그렇게 자연스러울 수 있을까. 놀라운 일이다.

　맹인불자들은 한 달에 한 번 몸 아픈 사람들을 위해 지압과 안마로 봉사활동을 한다. 지겹도록 하는 그 일을 다시 불자들을 위해 자원봉사하는 모습에서 삶의 아름다움을 느끼지 않을 수 없다. 누군가를 위해 도움을 줄 수 있다는 것이 그들에게는 큰 행복이다. 처음에는 지압을 받는 분들이 부담스러워했다. 그러나 그분들에게 몸을 내맡기는 것 그 자체가 보시라고 하자 서로 편안해졌다.

　세상에는 주어진 삶에 만족하기보다는 불만으로 고통스러워하는 사람들이 많다. 생각해 보면 부모를 원망할 일도 세상을 탓할 일도 아니다. 모든 것은 다 나에게 달려 있다. 그저 내가 하지 못함을 탓할 일이다. 여기 맹인불자와 농아불자들의 지극한 신심 같은 이런 마음이면 뭐가 고통일까? 도대체 뭐가 부족하다는 말인가!

어떤 인연들이 모여
지금, 오늘을 만들지 예측하기 어렵다.

삶의 무게

언제부턴가 결혼하는 부부에게 축전을 써 주는 것이 관례가 되었다. 그러면 결혼식 말미에 사회자가 읽게 되는데 하객들 보기에 참 뿌듯하다고 했다. 오늘 아침에도 정성으로 '신랑신부 불자에게, 언제나 서로에게 신뢰를 주세요. 믿음으로 더욱 더 사랑하세요. 금생에 부부로 만나는 인연은 말할 수 없는 소중함입니다. 그리고 지금처럼 사랑하고 마지막까지 함께 하기를 기도하세요. 부처님의 가피 속에 행복하기를 기원합니다. 축하합니다' 라고 적어 보냈다.

특별히 정해진 원고 없이 그때마다 인연 따라 나름대로 친필로 적어 보내는 평범한 축전 한 장에 부모들이 감동하고 고마워한다. 그리고 반드시 신혼부부를 데리고 와서 인사를 한다.

얼마 전 대웅보전 낙성식에 마땅한 선물을 찾지 못해 그동안 썼던 글들을 녹음해서 CD로 제작했다. 낙성식과 부처님 오신 날 인연 닿는 대로 선물을 줬더니 굳이 사인한 것을 받아가겠다고 줄을 선다. 사인이라야 이름 정도라서 뭐 별것이겠냐 싶은데 받는 입장에서는 그렇지 않은 모양이다. 진지한 모습으로 정중하게 받는 사람에서부터 신이 나서 친구 것에서 친척 것까지 챙기는 사람들까지 다양한 표정에는 기쁨이 넘친다. 생각지도 않은 인기가 유명 연예인 부럽지 않다.

사인에 대한 호감은 아이들만이 아니다. 108산사 순례에서 노보살님들이 그 절 주지스님에게 받는 사인에 대한 열정도 결코 무시할 수 없다. 아이들이 연예인에게 목을 매는 정도는 아무것도 아니다. 일단 줄이 만들어지면 한겨울의 매서운 바람도 한여름의 뙤약볕도 아랑곳하지 않는다. 버스야 기다리든 말든 내 노트에 사인이 그려지는 순간까지 포기하지 않는다. 받고난 후의 표정도 만만찮다. 그야말로 나이는 숫자에 불과하다는 말을 알 것 같다.

그러고 보면 나도 그런 적이 있다. 출가 전 고등학생 때 해인사로 야외법회를 갔다. 그때 무슨 용기였는지 법문을 해 주신 율원장 스님께 수첩을 펼쳐 사인을 받았다. 내용을 따질 것도 없이 무턱대고 받은 몇 자의 한자는 너무 달필이어서 쉽게 알아볼 수 없었다. 그래도 해인사를 다녀온 의미가 그곳에 다 있는 듯했다. 그래서인지 이미 내 삶의 큰 가

보가 되었다. 한동안 그 사인을 열어보면서 마냥 행복해했다.

한번은 대만 불광산사에서 한국 스님들과 성운 대사를 친견하고 있었다. 회의 중인데 옆에 있던 스님이 슬그머니 사인을 원하자 정성껏 해 주셨다. 나도 은근히 부탁했다. 그러자 노령의 떨리는 손을 마다않고 호의 앞 자를 따서 '심광무변 산고숭앙深廣無邊 山高崇仰'이라고 써 주셨다. 깊고 넓어 가없는 진리, 산처럼 높은 마음으로 받들어 우러른다면 무슨 걱정이 있으랴. 내 법명을 기억하시다니 순간 놀랍고 감격스러웠다.

이렇게 사람들은 흠모하는 분의 흔적을 간직하고 싶어한다. 그리고 모든 것에 관심을 가진다. 그래서 무심코 던진 한마디에 인생이 바뀌었다고 하기도 하고 추억 속의 스쳐 지나가는 기억 하나로 평생을 미소 지으며 살기도 한다. 자고 일어나니 스타가 되었다고 하듯 요즘 들어 사인이나 흔적을 찾는 이들이 부쩍 많아졌다는 것은 어찌 보면 기쁨이기도 하지만 또 한편에서는 그만큼의 세월의 무게를 느끼게 한다.

불심 가득
노래 듬뿍

참 흐뭇한 공연을 보았다. 신심과 원력으로 만나 불교음악을 펼쳐가는 아름다운 사람들을 만났기 때문이다. 사실 이 인연은 지금으로부터 20여년 전으로 거슬러 올라간다. 성악을 시작하던 신심 깊은 한 여학생은 찬불가를 널리 보급하는 일을 생의 가장 큰 보람으로 알고 원력을 세웠다.

지금도 성악을 하기에는 불교적인 정서가 미약하고 그때는 지금보다 더 좋지 않은 여건이었지만 부처님을 향한 지극한 신심으로 열심히 노력했다. 경제적으로 시간적으로 여유롭지도 않았지만 오직 부처님과의 약속에 대한 책임감으로 부족한 부분을 채우고 있었다.

그렇게 흐른 20년의 세월이 헛되지 않아 'L. M. B. singers 창단 기념 공연'이라는 자리를 통해 원력이 이루어지는 기쁨을 함께 하고 있었다. 그 느낌은 그들만의 것이 아니라 불교음악의 무한한 가능성을 보여주는다는 점에서 우리 모두의 것이었다.

그래서 나는 '음악을 사랑하고 빛이 되는 사람들'이라는 뜻이 담긴 이름과 '어두운 곳에 밝음을, 희망이 없는 곳에 희망을'이라는 목표로 찬불 포교사의 역할을 자부해 온 그들에게 뜨거운 찬사를 보낸다. 불교음악의 현실에서 보면 아쉬운 일이 한두 가지가 아닌데, 정식으로 성악을 전공한 청년 성악가들이 모여 각자의 신심을 확인하며 펼치는 수준 높은 음성공양은 감동적일 수밖에 없었다.

이번에 내건 '찬탄의 노래, 가을의 향연'이라는 제목도 여유 있는 일이지만, '길을 갑니다'로 시작하는 연주에서는 전율이 느껴졌다. 그동안의 길이 얼마나 고되고 험난했던가를 노래로 표현하는 듯했다. 누가 가라고 떠민 길이 아니기에 그곳에서 만나는 고난은 고스란히 그들의 몫이었고, 종단이나 큰 사찰의 따뜻한 후원 한번 제대로 받아보지 못한 아쉬움도 부처님 당신만이 알아주실 일이라는 믿음 하나에 고이 묻고 있었다.

힘겹고 어려울 때가 어디 한두 번이었으랴마는 분명한 미래를 확신하는 그들에게는 오히려 희망으로 넘겨버린 추억 정도로 여겨졌으리라. 돌이켜보면 할 말도 많겠지만 그저 이 한 곡 속에 다 녹아 있는 듯했다.

감동은 거기서 그치지 않았다. 그 흔한 축사 하나 없는 깔끔한 팸플릿이 보여주는 의미는 젊은 자신감의 반영이었다. 어디에 의지하지 않고 바른 길, 해야만 하는 일이라는 절대의 가치 앞에 결연히 나아가는 젊은 불자 성악가들의 자존심이 그대로 투영되었다. 지난 4년간의 연주 연혁을 보면서는 참 열심히 살았구나 하는 마음에 고개가 숙여졌다.

100여 회의 공식 연주회 목록에는 불음(佛音)에 목말라하는 군 법당의 이름이 3분의 1을 차지하고 있었다. 군 법당 자체가 재정적으로 힘겨운 곳임을 아는 내 입장에서는 이들이 겪어야 했던 재정적인 어려움이 어떠했는지 가히 짐작이 간다. 그래서 진정 원력이 아니고는 이룰 수 없는 일이라고 격려하는 것이다.

"불심 가득, 노래 듬뿍한 세상은 저희들의 꿈입니다. 꿈을 이루기 위해 여러분과 좋은 인연을 맺고 싶습니다"라는 저들의 희망이 현실이 되기를 기원해 본다.

중생들을 향한 진정한 자비심만 있다면 언제 어디서나 가능한 것이 포교이다.

부활절의 기억

—

　이웃 종교와의 벽을 허물고 평화로운 열린 종교 시대를 염원하는 한 사람으로서 부활절의 이런 기억이 있다. 대한의 젊은 청년들이 국가의 영토 방위를 위해 청춘을 불사르는 패기의 현장인 군에 있을 때의 일이다.

　처음에는 땀 냄새에 역겹기까지 하던 군 법당에서 그 군인들만큼이나 원력에 차서 군 포교에 전념하던 군종 법사 초임 시절의 어느 봄날, 부대 성당으로부터 뜻밖의 선물을 받았다. 조그만 바구니 속에는 삶은 계란 세 개가 담겨 있었는데, 계란마다 예쁜 그림을 그리고 노란 리본을 감아 소박하게 꾸며져 있었다. 보기에도 정성스럽고 그림이 앙증맞아서 느낌이 편안하고 좋았다. 그때는 어떤 의미인지 모르고 그저 감사하다는 일상적인 마음 외 별 생각이 없었기에 그냥 놔두었다가 군 종병에게 주었다.

알고 보니 계란을 나누는 것은 모든 이들의 죄를 대신해서 십자가에 못 박혀 돌아가신 후 새로운 희망으로 세상에 다시 살아나신 예수님의 부활의 상징으로 오래전부터 행해져 오는 전통이었다. 그러니까 기독교에서는 커다란 의미를 담고 있는 소중한 선물이었던 것이다. 지금 생각하면 초파일에 떡 하나 나누어 먹는 정도의 의미로 받아들였던 것 같아 미안하기도 하다.

예수님의 부활은 한 알의 밀알이 썩음을 통해 새로운 싹을 돋아내는 것과 같이 육신과 영혼의 새로운 탄생으로 이해된다. 그것도 자신만의 이익을 위한 몸짓이 아니라 이웃과 인류를 향한 사랑의 표현이다.

스님인 내게는 나름대로 이렇게 이해된다. 우리들 범부가 일상에 젖어 타협하고 안주하고 게으름을 피우는 삶을 살 때 과감히 그런 속성에서 벗어나 진리의 삶을 살도록 일깨워 주는 가르침인 동시에, 지금껏 가졌던 모든 낡은 개념들로부터의 탈출을 통해 영적인 완전을 추구하며 변화하는 삶을 사는 종교적 완성의 의미로 말이다.

낡은 생각과 관념으로부터의 새로운 탄생은 불교에서도 항상 추구하고자 하는 수행의 과제다. 현재에 머물러 안주하고 나태해지기만 하는 일상의 삶을 경책하면서 자신을 향상시키기 위해 행하는 모든 노력들이 모여 아름다운 삶을 만들어 낸다는 사실 앞에 우리는 겸허한 수행을 택하는 것이다.

  세상에는 항상 새롭게 존재하고자 하여 깨어 있는 삶을 살기 위해 노력하는 사람들이 많다는 것을 볼 때 부활의 의미가 오늘 여기에 함께하는 것 같아 흐뭇하다. 이제 열린 종교 시대를 염원하며 이웃 종교를 이해하고 배우려는 마음으로 생각해 보니 그때의 그 선물이 참으로 소중한 뜻을 담고 있었음을 알 수 있다. 요즘도 그때처럼 큰 의미가 담긴 소중한 선물이 서로 오고가는 그런 아름다운 세상이기를 기대해 본다.

포교는 '자비심'이다

포교는 어려운 것이 아니다. 자비심의 표현인 것이다. 불자들을 향한 진정한 자비심만 있다면 언제 어디서나 가능한 것이 포교이다. 물론 거기에는 그들에 대한 객관적인 이해와 넉넉한 배려가 수반되어야 한다. 그런 측면에서 한 가지를 소개하고자 한다.

해마다 2월 말에는 예비 고3을 위한 대학입학 기원법회를 연다. 3월이면 고등학교 3학년이 되는 예비 수험생들을 격려하고 새로운 각오로 대입수능을 준비하게 하는 데 그 의미가 있다. 이 법회도 우선 수험생에 대한 자비심에서 출발한다. 먼저 그들이 느낄 고뇌를 충분히 공감해 주면서, 대학 선배들이 경험을 바탕으로 위로하고 적정한 대안을 제시해 주기도 하고, 마침내 부처님의 위신력을 일깨워 진정 힘들고 어려울 때에는 마음으로 합장하고 기도할 수 있도록 하기 때문이다.

먼저 수업이 없는 일요일을 택해 저녁 예불로부터 시작한다. 난생 처음 절에 온 학생부터 부모님을 따라 절에 와서 예불에 참여해 본 학생까지 다양한 학생들이 법요집을 보며 의미도 영문도 모른 채 예불을 모신다고 부처님 전에 절을 한다. 말할 것도 없이 어설프고 어색한 목소리로 따라하는 매끄럽지 못한 예불이지만 이때만큼 간절할 때도 드물다.

그리고 영산회상이 울려 퍼지는 가운데 각각의 의미를 낭송하는 육법공양게송에 의해 미리 정해진 대로 향, 등, 과일 등 여섯 가지 공양물을 지극 정성으로 부처님 전에 올린다. 아마 신선한 경험일 것이다. 이어서 삼귀의, 보현행원, 반야심경 독송을 하고 나면 잔잔한 음악이 흐르면서 수험생의 절실한 염원을 담은 발원문이 이어진다. 이때에도 많은 생각을 하게 된다.

드디어 법문시간. 모르긴 해도 정식으로 법문을 듣는 것이 처음일지도 모를 예비 고3 수험생들이 충격과 환희, 감동을 느낄 수 있는 짧은 법문을 한다. 인생이 뭔지, 왜 공부가 필요한지, 왜 힘겨울 때 부처님을 찾으면서 기도해야 하는지와 수능이 끝나면 세상이 어떻게 변하는지에 대해 진지하게 법문한다.

법문이 끝나면 관세음보살 정근과 촛불의식이 이어지는데 이때 상단의 촛불 외에는 법당의 모든 조명을 소등한다. 어두워진 법당에는 각자가 가진 은은한 촛불만 흔들리고 있다. 정근을 끝내고 고요해진 법당에서는 조용히 타고 있는 촛불에 의지해서 저마다의 발원을 쓰는 시간을 갖는다. 참 감동적이다. 이때 쓴 발원문은 여름에, 그러니까 수능 100일 전 법회쯤에 집으로 발송해서 처음의 각오를 다시 일깨운다.

발원문을 쓰는 시간이 끝나면 스님들이 호신불, 합장주, 예쁜 동자 사진 등 선물을 준다. 이때에는 한 명씩 일일이 악수도 하고 무슨 학과를 갈 것인가를 묻고 열심히 해서 성취하라고 기원도 해 준다. 난생 처음 스님 손을 잡아보는 경험은 이 법회의 절정이다. 그래서 더욱 열심히 공부할 수 있는 계기를 만들어 주는 것이다.

마지막으로 사홍서원을 하고는 다과의 시간을 가진다. 차와 떡, 김밥, 과일 등을 차려서 가족과 선배, 참여한 불자들이 서로 이야기를 나누는 시간이다. 선배들에게 다양한 정보를 얻기도 하고, 답답한 심정을 위로받기도 하고, 서로 떨리는 마음을 들으면서 공감하기도 하는 자유롭고 유익한 시간이다.

이 법회는 부처님과 전혀 인연이 없던 아이들에게 자연스레 포교할 수 있는 좋은 기회이기도 하다. 해마다 수험생은 넘치고 있다. 그들을 이런 법회를 통해 부처님 품으로 이끌어주는 일이야말로 나의 포교에 있어서 보람 있는 일인 것이다.

03

Sapling

뿌리 깊은 나무를 꿈꾸며

지나고 보면 만족보다는 아쉬움이 많은 것이 우리네 삶이다. 출가한 스님이든 새로운 인생을 준비하는 예비부부든 처음 먹었던 그 마음 그대로만 살아간다면 참 좋겠다.

108산사 순례를
시작하며

—

　인생에는 많은 멋이 있다. 하지만 출가수행만큼 멋있는 일도 드물다. 출가의 멋 가운데 선방에 가부좌 틀고 앉아 '이 뭣고' 하는 수좌의 정진하는 모습이 어찌 빠질쏘냐마는, 걸망 메고 산길을 걷는 수행자의 뒷모습 또한 많은 사람들이 동경하는 출가자의 한 모습이다.
　아쉬움도 넉넉함도 번뇌도 시름도 다 걸망에 담아 발길 닿는 대로 떠나는 운수납자의 삶. 그 속에는 무소유의 여유도 있지만 인간이 가지는 적적함의 허허로움이 공존하는 참 묘한 멋이 있다. 그래서 메었던 걸망 벗어놓고 흐르는 시냇물에 땀을 씻어보지 않고는 얽히고설킨 세상사 모두 뒤로하고 대자연에 홀로 서 있는 당당한 수행자의 정신세계를 헤아릴 수 없다. 그 멋은 진정 떠나보지 않은 사람은 모른다.
　나도 출가할 때는 스님이 되면 다 그렇게 여유롭고 멋있게 사는 줄만 알았다. 그런데 출가한 나에게 있어서 그런 현실은 꿈 같은 일이다. 영화에서나 볼 수 있는 전설이 되어 버렸다. 그래서 참 삭막하다. 그 아름다운 운수납자의 걸망이 요즘은 자동차로 바뀌었다. 조금 과장해서 말하면 걸망 없는 스님은 있어도 차 없는 스님은 없는 듯한 느낌이다. 안타까운 일이다.

그래서, 출가는 안 했지만 걸망 메고 떠나는 108산사 순례를 이미 서울 도선사가 하고 있기는 하나 우리 홍법사도 시도하고자 한다. 먼저 걸망에는 세상사 시름 번뇌를 다 넣고, 그리고 천수경, 108참회문, 삼사에 올릴 공양미 3개, 절 마당에 깔고 절할 수 있는 작은 야외 돗자리 하나, 물, 수건 등을 넣는다. 산사에 도착해서는 돗자리를 꺼내 절 마당에 줄을 맞춰 자리를 정돈한다. 그리고 다 같이 천수경을 독송하고 108참회문으로 108배를 하고 축원을 하는 동안 제일 먼저 담았던 세상사 시름 번뇌를 다 녹여 업장소멸을 하는 것이다. 이 얼마나 기쁜 일이겠는가. 참 의미 있는 일이다.

함께 떠나는 인원이 많으면 법당에 다 들어갈 수 없기 때문에 절 마당에서 절을 해야 한다. 눈이 오거나 비가 오거나, 여름에 그늘이 없고, 겨울에 살을 에는 바람이 부는 등 힘겨운 상황을 만날 수도 있다. 그렇기 때문에 50분 정도로 기도 시간을 잡는다. 어떤 경우라도 모든 것을 그곳의 인연에 맡기고 걸망 하나 걸머멘 수행자가 되어 천년고찰 108곳을 금생에 순례한다는 원력을 세운다면 그보다 멋있는 불자가 또 있을까?

한 달에 한 번 삼사순례를 하면 삼 년이면 108산사를 밟게 된다. 정해년 정월에 통일대불을 모신 팔공산 동화사에서 시작하고, 회향은 금강산 신계사에서 하고 싶다. 먼저 남북통일의 원력과 불교 발전의 초석이 될 홍법사 대웅보전 건립 불사의 원만한 회향을 발원하고 각자의 소원이 성취되기를 기원하는 이 순례는 기도라기보다 성불을 향해 나아가는 수행이라고 말하고 싶다.

우리는 이 땅에 인연이 있어 태어났다. 그 인연의 땅에 묵묵히 천년을 지켜온 고찰들을 찾아가 삶에 응어리진 한을 참회하는 순간 우리는 대자유인이 된다. 좋을 때 좋은 마음 걸망에 담고 참나를 찾아 만행의 길을 떠나자. 천년을 머금은 부처님의 환한 미소가 우리를 기다리고 계신다.

아무도 묶은 이가 없다면 그대는 이미 해탈인이다. 어째서 다시 해탈을 구하는가?

누가 나를
묶었는가

—

　도심 포교의 현장에 있을 때 여비를 타러 몇 명의 객승들이 와서는 이런저런 이유로 넉넉한 객비를 요구하더니 신고 있던 검정 고무신을 보고는 포기하고 돌아섰다. 검정 고무신을 신을 정도면 크게 승산이 없을 것이라고 판단했던 모양이다. 그도 그럴 것이 흰 고무신이 주는 청정, 단정, 정진 등 수행자의 본분 같은 이미지와는 다르게 검정 고무신이 주는 느낌은 괴각, 고집 등 그리 만만한 느낌은 아니기 때문이다. 고백한다면 게으른 성격으로 도심에서 살기에는 검정 고무신이 훨씬 편해서 신었을 뿐인데 말이다.
　검은 안경테와 검정 고무신. 검정 고무신보다 더 오랫동안 나는 검은색 플라스틱 안경테를 고집하고 있었다. 세월로 치면 30여 년을 헤아리는 무시할 수 없는 긴 시간이다. 그러니까 검정 고무신에 검은 안경테가 곧 나의 상징적인 모습이라 생각하고 살았다. 때로는 분명 불편함도 있었지만 그 정도는 아랑곳하지 않았다. 오히려 그런 것이 삭발염의削髮染衣의 출가자다운 모습이라고 여겼다.

그런데 언제부턴가 몇몇 스님이 안경테를 바꿔보라고 권했다. 이제는 학인 같은 이미지를 벗고 밝게 도약해야 하는데 검은색은 분위기가 아니라고 했다. 내심 고민했다. 검은색이면 어떻고 노란색이면 어때, 내 맘이지 색깔이 뭐가 중요할까. 이게 곧 나라고 믿고 꿋꿋하게 지켜온 것을 하루아침에 바꾸라니 쉽게 받아들여지지 않았다.

그러던 지난 연말 고심 끝에 안경테를 바꿨다. 한편으론 신도들의 반응을 생각하면서 큰마음을 냈다. '많이들 놀라겠지? 아니면 다시 검은 테로 바꾸라고 야단일 거야' 등등 나 나름대로 대응의 논리까지 세웠는데 이게 웬일인가, 아무도 달다 쓰다 반응이 없다. 긴긴 세월 어떻게 고집해 온 것인데 허무하게 생각이 빗나갔다. 그저 혼자 착각에 빠져 꿈을 꾸고 있었던 것이다.

어느 누구도 나를 속박하지 않았건만 내가 알아서 나를 포장하고 나는 이래야 된다는 생각으로 나를 묶어 왔던 것이다. 그래서 다시 물었다. 내 안경 어떠냐고. 한마디로 뭘 쓰든 스님일 뿐 더 이상의 의미는 없다는 듯 크게 괘념치 않는 눈치였다. 결국 알량한 내 집착에 스스로

놀아난 꼴이 됐다. 이 얼마나 어리석은 일인가. 크게 중요하지도 않은 어떤 이미지를 설정하고는 그게 나라고 착각하고 그것만 고집해서 사소한 변화조차도 두려워하는 나는 그래서 중생일 수밖에 없었다. 중요한 건 출가자의 정체성이다.

중국 선종 제4조 도신 스님이 제3조 승찬 스님에게 절하면서 물었다.

"화상이시여, 자비를 베풀어 해탈 법문을 일러주소서."

스님이 대답했다.

"해탈이라니, 누가 너를 묶었더냐?"

"아무도 묶지 않았습니다."

"아무도 묶은 이가 없다면 그대는 이미 해탈인이다. 어째서 다시 해탈을 구하는가?"

도신 스님은 이 한마디에 크게 깨달았고 이후 승찬 스님이 환공산을 떠날 때까지 9년간 보필하였다.

한심한 일이었다. 눈에 보이는 것이 다는 아닐진대 어찌 밖으로 나타나는 색깔과 모양에 그토록 매였단 말인가. 이제 내가 관심 가져야 할 것은 출가자의 정체성이지 검정 고무신에 검은 안경테가 아니라 것을 확연히 아는 순간 본래의 자유를 얻었다. 누가 과연 나를 묶었단 말인가.

왜
사리암인가

―

    나는 10년의 도심 포교를 접고 바로 운문사 사리암邪離庵으로 갔다. 출가를 했으나 도시에서 사는 시간이 많았던 입장에서 산은 그저 산이 아니고 환희의 땅이요, 신심의 근원이다. 강산이 변하는 시간 동안 갖가지의 우여곡절과 애틋한 사연들을 안고 많은 불자들과 함께 했다. 때로는 짜여진 스케줄에 노예가 되고 인간사의 희로애락에 동사섭하면서 세상공부를 많이 했다. 그래서 불자가 원하는 것이 무엇이며 우리가 진정 추구해야 하는 것이 무엇인지 어렴풋하게나마 느낄 수 있었다. 노심초사하던 그때그때의 심정에 비하면, 소임을 그만둔 지금은 지난 10년이 한낱 이슬 같은 시간이라는 의미밖에는 없다.

    그런 시간을 뒤로하고 왜 바로 사리암인가! 평소 나반존자님에 대한 개념은 누구의 권유나 도움도 아랑곳없이 스스로 자신만의 세계를 추구하는 고독한 수행자인 독각이었다. 그러니까 많은 성문, 연각, 보살, 수행자 중 유별난 분으로 느껴져 쉬이 친근하게 받아들여지지 않는 마음이었다. 형상이 푸근하지 않으리라는 선입견도 가졌다.

그러나 다시 생각해 보면 상황은 다르다. 대중이 반공부 시켜 준다는 말이 있다. 함께 하는 것은 혼자보다는 그만큼 하기 쉽고 군중심리에서도 밀고 나가는 힘이 생기는 것이다. 혼자라는 것은 참으로 외롭고 고독한 일이다. 그렇기 때문에 누구보다 스스로 수행하고자 한다면 암자 이름에서도 느껴지듯이 삿됨을 여의어야 하고 바르지 못함을 벗어나는 수행을 해야만 한다는 점에서 사리암은 새로운 초발심을 느끼게 한다.

무엇을 더 얻는 것보다 가치 있는 일은 나의 나쁜 것, 바르지 못한 것을 버리는 작업이다. 마치 사금에서 모래만 제거해 버리면 그대로가 금인 것처럼, 우리들 마음속에 보배같이 간직하고 있던 탐·진·치의 찌꺼기를 버리면 곧 부처인 것이다.

따라서 사리암은 구하는 곳이라기보다 자신의 사사로운 중생심을 버리는 기도를 하는 곳이다. 그런데 가끔은 사리가 어디 있느냐고 묻는 사람들도 있다고 한다. 부처님의 사리를 모셨으면 적멸보궁이지 독성도량이 아니다. 오로지 자신의 삶에서 삿된 것으로부터 자유로울 수 있는 힘을 얻는 곳이 사리암이다. 그것은 곧 광명이며, 지혜이다. 왜냐하면 더 이상의 머트러운 것도 없고 불분명한 것도 용납될 수 없는 곳이기 때문이다. 그래서 주지 소임을 놓고 그동안의 사사로운 감정을 떠나고 앞으로의 모습이 반듯할 수 있기를 바라는 마음에서 바로 이곳을 첫 기도처로 선택한 것이다.

사리암을 오르는 산은 저마다 진녹색의 건강한 모습이고 기도하는 불자들은 간절한 발원을 안고 지극한 정성이다. 비구니 처소답게 깔끔한 이부자리와 깨끗하게 정돈된 방을 배정받았다. 바로 가사장삼을 수하고 나반존자님께 삼배를 올렸다. 그리고 지금까지의 관념을 청산하고 새로운 시작을 발원했다. 4분정근으로 3일기도를 하면서 무수히 절을 했다. 잡다함 다 버리고 지혜광명을 얻어 다시 이 땅에 부처님 진리를 펴 나갈 큰 도량을 건립하겠다는 원력을 세웠다.

법랍이 늘어갈수록
처음처럼 순박했던 모습이 그립다.

소중한 것은
내 안에 있다

—

　몇 해 전 겨울 불교TV에서 해외성지순례를 대만 불광산사로 가는데 지도법사로 함께 하게 되었다. 그때 대만을 거쳐 홍콩으로 가는 캐세이퍼시픽 항공기를 타는 순간 깜짝 놀랐다. 비행기 입구에서 전형적인 한국 여인의 모습에 인형처럼 합장하는 친절이 몸에 밴 50대 초반의 여승무원을 만났기 때문이다. 비행기를 탈 때 합장하는 것을 보고는 외국 비행기니까 예우와 자체 품위를 위해 합장하는가 싶어 나도 형식적으로 합장을 했다.

　그리고 "저도 불자입니다. 잠시 후에 찾아뵐게요"라고 말할 때까지만 해도 참 기분 좋다는 정도로 가볍게 넘기고 자리에 앉았다. 그런데 기내식 서비스가 끝나고 내 자리로 찾아온 그 여 승무원은 어느새 신심 충만한 보살일 뿐 더 이상 승무원의 느낌이 아니었다. 활발한 성격과

몸에 익은 유니폼, 단정하고 애교 섞인 미소와 자연스러운 합장은 스님인 나를 감동시키기에 충분했다. 그것뿐이 아니다. 이야기가 여기서 끝난다면 유별스러운 일도 아니다.

그분은 경북 안동의 부잣집에서 태어났고 할머니는 절을 창건할 정도로 신심 있는 집안이었지만 7살 때부터 교회를 다녀서 성경에 관해서는 모르는 게 없는 열렬 기독교인으로 40년 넘게 살다가 불교로 개종한 지 불과 3년 정도 되는 50대 초반의 신참 불자였다. 지금까지 홍콩에서 살고 있는데 석성우 스님께서 포교하셨던 홍콩 홍법원에 다니고 있고 법명은 조 여래심이라고 했다.

교회에 다닐 때는 교회 일을 도맡아 하던 1등 신도여서 주일예배 후의 점심준비나 뒷정리를 혼자서 다할 정도였는데, 부처님 경전을 접하면서 진리 중의 진리는 불교밖에 없다는 확신에 조금의 미련도 없이 개종을 하게 되었다고 했다. 참 확실한 사람이었다. 그러면서 금생에 부처님 법을 만난 것이 최상의 행복이라고 환희심에 차서 자신 있게 말하는 것이다. 주변의 시선에도 아랑곳없이 기독교와 불교의 차이를 열거하면서 신이 난 모습은 영락없는 수다쟁이 동네 아줌마였다. 거기에는 막힘도 주저함도 없는, 삶 그대로의 진솔함이 자연스레 묻어나고 있었다. 그리고는 비즈니스석의 과일과 차, 초콜릿 등을 가져다 대접을 하는 것이다.

내년에 정년퇴직하면 서울에 와서 불교 공부를 더 체계적으로 할 계획이라고 한다. 그 후에는 큰스님들이 해외로 포교활동을 가신다면 걸망이라도 들어 드리고 영어통역을 해 드리면서 이생을 마치고 싶다고 했다. 얼마나 따뜻한 일인가. 그리고 가슴 뿌듯한 일인가. 진정한 진리를 모른 채 현실에 매몰되어 불교를 등지고 다른 종교를 찾아가는 사람들의 이야기를 풍문으로 듣던 요즘, 정신이 번쩍 들게 하는 살아있는 보살을 눈앞에서 만난 기분이었다.

새해가 되어 절 달력을 보냈더니 감사의 전화가 왔다. 역시나 국제전화를 잡고도 부처님 만난 기쁨과 미래의 희망에 대한 열정이 식지를 않아 30분을 넘게 통화했다. 조만간 홍법사에 와서 신도들과 신행담을 나누는 담론의 시간을 갖기로 약속했다. 참 기대되는 일이다. 이처럼 오랜 세월 기독교를 믿다가도 부처님 법을 접하면 이것이야말로 진리 중의 진리라고 귀의하는데 정작 부처님을 따르는 우리가 불법의 참가치를 모른다면 어리석은 일이다. 진정한 보물은 이미 내 안에 있는데 그것을 모른다면 물에 빠진 사람이 목말라 죽는 격이나 다름없다.

처음 마음 그대로

—

　해가 서산으로 넘어갈 즈음 결혼을 앞둔 예비부부가 손을 꼭 잡고 인사를 왔다. 엄밀하게 말하면 오랜 인연이 있는 신도님의 딸이 신랑감을 인사시키러 온 것이다. 두 사람의 눈빛은 유치원생 같은 천진함으로 젖어 있었고 마냥 좋은 듯 미소 짓는 표정에서는 행복이 보이는 듯했다. 지금 그들에게는 모든 것이 희망이었다. 인생에 다시없는 꿈 같은 시간을 보내고 있었다. 그들을 보고 있노라니 나도 행복 바이러스에 감염되어 '그래 지금처럼만 살아라' 라는 바람이 머리를 스쳤다. 결혼은 인생의 또 다른 시작이고 시작은 언제나 아름답다.
　시작할 때의 이런 마음이 비단 결혼을 앞둔 예비부부만의 일이랴. 우리의 일상은 언제나 처음의 마음이 중요하다. 그 마음 변치 않으면 무슨 걱정 근심이 있을까. 그래서 '초발심시변정각 初發心時便正覺' 이라고 하지 않았던가. 어떤 일이든 초심을 잃지 않을 때 세속에서는 성공이 있고 출가에는 해탈이 있는 것이다.

차 한 잔에 덕담 몇 마디로 그들을 보내고 나니 문득 출가를 준비하던 지난날이 생각난다. 인생의 큰 변화를 준비하면서 내 기억을 모두 지우기라도 하듯 그동안 써 왔던 일기장을 무려 7권이나 태웠다. 그리고 눈곱만큼이라도 내 모습이 담긴 사진은 모두 태워 버렸다. 이제는 나의 모습이 아니라고 생각했기 때문이다. 거기다 다른 흔적도 모두 지운 채 속옷 몇 벌과 옥편만 달랑 들고 흰 눈 덮인 내장사로 출가의 길을 떠났다.

그때는 불퇴전의 신심뿐이었다. 천하를 휘두를 장부가 되어 오로지 스님다운 스님이 되리라는 일념에 불타고 있었다. 걸망 하나 둘러메면 더 이상 욕심도 걱정도 없고 한 생각 돌이키면 중생이 부처 된다는 소리 외에는 어떤 것도 들리지 않았다. 참 편안했다. 주어지는 대로 기도하고 소임을 볼 뿐 세상사 온갖 유혹은 내 알 바 아니었다. 언제나 위의를 단정히 하고 말하는 것 몸가짐 하나도 최대한 겸손하도록 신경 썼다.

어느덧 세월이 흘러 절에서 살아온 날이 훨씬 많아졌다. 그런데 어찌 된 일인가. 그때의 비장한 마음은 전설 속에 묻혀 버렸는지 희미하기만 하다. 갈수록 남에겐 편협하고 나에겐 관대해지는 것 같아 싫다. 더러는 세속과 타협할 줄도 알고 얄팍한 계산도 할 줄 아는 중생심의 속성이 오히려 역력하다. 세상 사람이 그러면 연륜이라고도 하겠지만 출가자에게는 그다지 어울리지 않는 논리다. 그래서 법랍이 늘어갈수록 처음처럼 순박했던 모습이 그립다.

며칠 전에는 학인스님들이 견문을 넓히는 공부의 일환으로 부산의 한 수녀원을 견학하고는 그 수녀원의 수녀님 추천으로 홍법사를 보러 왔다. 새롭게 대웅보전을 짓는다는 소식에 궁금했던 모양이다. 이것저것 묻기도 하고 신기해하기도 하면서 소박한 담소의 시간을 가졌다. 내 삶에 비추어 학인시절만큼 좋은 때도 없었다고 했더니 크게 공감하지 못하는 분위기다. 하기야 일과에 떠밀리는 학인의 입장에서는 그럴 수도 있다. 대개가 사미니인 학인스님들의 살아 있는 해맑은 모습에서 다시금 초발심의 희망을 느낄 수 있었다.

지나고 보면 만족보다는 아쉬움이 많은 것이 우리네 삶이다. 출가한 스님이든 새로운 인생을 준비하는 예비부부든 처음 먹었던 그 마음 그대로만 살아간다면 참 좋겠다.

내 삶에 비추어 학인시절만큼 좋은 때도 없었다.

눈물의 종류

—

 살아가다 보면 전에는 느끼지 못하던 세월에 따른 변화가 몇 가지 있는데 그중의 하나가 눈물이 많아진다는 것이다. 웬일인지 요즘 다른 사람의 아픔을 보거나 감동적인 마음씀을 볼 때 어느새 삶의 공감대로 눈물이 맺히는 것을 보고 적잖이 의아해하고 있다.

 얼마 전 이산가족의 만남이 금강산에서 이루어졌다. 예외 없이 눈물바다를 이루었다. 구체적인 이유야 부인할 수 없는 민족적 분단 상황이지만 어디서부터인지도 모르는 흐느낌은 보는 이들을 안타깝게 한다. 내가 이산가족이 아니어도 눈에는 눈물이 맺히고 가슴은 저며 오는 것이다.

 사연도 가지가지다. 50년을 수절한 할머니의 남편 상봉은 기구한 삶을 대변하는 분단의 가슴 아픈 사례로 기억된다. 사랑이라는 굴레에 일생을 바친 기가 막힌 경우다. 부모와 자식의 상봉도 애달프기는 그보다 더한 것이 없다. 혈육의 소중함과 인연의 끈끈한 정이 그 어떤 것보다 우선한다는 보편적인 진리를 보여주는 대목이다. 이념으로 갈라놓을 수 없는 인륜의 마지막 모습인 것이다. 그리고 민족과 사람 앞에 조건 없는 통일을 이루어야 하는 가장 큰 이유이기도 하다.

눈물의 사연은 분단으로 인한 이산가족에게만 있는 것은 아니다. 벌써 20여 년을 헤아리는 어느 겨울의 일이다. 자식을 교통사고로 잃은 부모의 눈물은 지금도 기억이 생생하다. 설을 쇠고 집으로 돌아가던 외아들 가족이 교통사고로 손자와 며느리만 남긴 채 외아들 혼자만 어이없는 죽음을 맞게 된 것이다. 군 장성을 지낸 아버지의 위상과 체면은 자식을 보낸 아픔 앞에서는 소용이 없었다.

49재를 지내던 날, 아버지의 한 방울 한 방울 커다란 눈물이 소리 없이 법당 바닥에 떨어질 때는 세상에 대한 덧없는 미련도 애착도 함께 떨어지는 느낌이었다. 더 이상의 의미도 기대도 희망도 다 눈물과 함께 떨어지는 것 같았다. 아버지의 눈물은 말 그대로 닭똥 같은 눈물이었다.

얼마 전 김해에서 중국민항기가 악천후로 떨어지는 사고가 일어났다. 사고를 당한 이들의 흔적조차 찾지 못한 유족들의 아픔을 아는지 모르는지 그날 밤에는 천둥번개가 몰아치고 장대비까지 쏟아졌다.

언제나 그렇듯이 가족들의 오열하는 애달픔만 허공에 메아리칠 뿐 다시 살아서 돌아오라는 간절한 염원은 영원히 가슴속에 묻어야 했다. 이제 그들은 비가 오거나 천둥이라도 치는 날에는 악몽 같은 기억을 끌어안고 하염없는 눈물을 흘려야 하는 것이다.

그러나 세상에는 아픈 사연의 눈물만 존재하는 것은 아니다. 너무도 따뜻하고 흐뭇해서 예상하지 못한 감동으로 흘리는 아름다운 눈물도 있다. 잔잔한 감동의 눈물은 큰 것에서보다는 오히려 사소한 것에서 얻어지는 것이다. 상대를 인정하고 배려하고 함께하고자 하는 마음만으로도 용광로 같은 뜨거운 눈물을 쏟게 만든다. 미울 대로 밉다가도 아주 작은 것에서 감동하고는 모든 것을 용서하고 살아가는 것이 우리네 삶이다.

오월은 부처님 오신 날이 있는 달이다. 아픔으로 오열하던 모든 사람들이 하루빨리 마음을 추슬러서 아픔의 눈물보다는 기쁨과 감동의 따뜻한 눈물을 흘리는 일이 많은 살맛나는 세상을 만들어 나가기를 부처님 전에 기원해 본다.

어차피 인생은 기다림이다.
오래 기다리면 큰 집을 짓고 우선 해결하려면 오막살이밖에 얻을 수 없다.

기다림

—

　동남아시아를 다녀보면 한국 단체손님들의 별명이 '빨리빨리'로 통한다. 특히 식당에서 음식이 나오는 시간을 기다리지 못하고 연방 독촉하는 짜증 섞인 목소리의 대표적인 단어가 '빨리빨리'이고 보면 어지간히 급하게 살고 있음을 실감한다.

　유럽에서는 고상한 계층일수록 식사 시간이 두 시간이 넘는다는 이야기는 많이 하면서도 정작 식탁에 앉으면 우리는 급해지는 것이다. 스스로 음식의 노예가 되어 초라함을 자초하고 만다.

　절에서 산 지 20여 년이 지나는 동안 공양을 알리는 종소리나 목탁소리에 익숙해진 나로서도, 어딘가에서 음식이 되어가는 과정을 기다리는 일은 적응이 잘 안 된다. 종소리가 나면 바로 공양할 수 있다는 것은 정한 이치이고 그것이 곧 현실이어야지, 밥상 앞에서 된장이 끓어가는 소리와 냄새를 맡으며 앉아 있다는 것은 지겨운 일이다.

그러나 세상살이는 기다림의 연속이라고 해도 과언이 아니다. 무명 가수가 어렵게 무대에 출연할 기회를 얻은 뒤 노래 한 곡을 부르기 위해 몇 날을 가슴 졸이며 기다리는 것에서부터, 장부의 꿈을 안고 묵묵히 그날을 기다리는 의미 있는 기다림까지 기다림의 여정이 훨씬 많은 것이 우리네 인생이다.

그러한 기다림에도 행복한 기다림이 있다. 초등학교 때 소풍 날이 정해지고 그날을 기다리는 일은 지겹지만 무척이나 행복한 일이다. 예비 신랑 신부가 결혼식 날을 잡고 그날만을 손꼽는 일도 그러할 것이고, 어렵게 직장을 구한 사람이 첫 출근을 기다리는 것도 큰 행복에 속하는 일이다. 공항이나 역 앞, 버스터미널의 도착장에서 예정된 시간과 도착할 사람이 정해져 있어 만남이 확정적인 경우 다소의 시간적인 기다림만 있을 뿐 기다리는 표정들은 행복하다.

그런가 하면 기대와 불안이 공존하는 기다림도 있다. 나라를 뒤흔드는 대통령선거에 따른 후보단일화를 보면서 결과를 얻기까지의 마음이 복잡하겠다는 생각이 들었다. 재판이나 시험의 발표를 기다리는 일도 잘되면 기쁨에 넘치지만 잘못되면 고통이 따르는, 희비가 함께하는 기다림이다. 새로운 실험을 준비하는 과학자의 경우도 그렇게 설레기는 마찬가지다. 잘못을 저지른 아이가 부모님이 돌아오실 때를 기다리며 쉽게 넘어갈 것인가 아니면 언젠가처럼 억울할 만큼 혼이 날 것인가 초조해하는 일도 여기에 속한다고 할 수 있다.

그러나 불행한 기다림도 있다. 암을 선고 받고 시한부의 삶을 사는 사람에게 기약된 시간의 기다림이란 여간 고통스러운 일이 아닐 것이다. 거기서 초연할 수 있다면 공부가 많이 된 수행자로 봐야 할 일이다. 또한 신행에서도 예외는 아니어서 기도를 시작하면서 벌써 성취를 기대하는 기다림의 조급증은 오히려 일상에서보다 심하다.

어차피 인생은 기다림이다. 우리의 조급함이나 지겨움과 상관없는 긍정적인 기다림의 시간을 가져야 한다. 오래 기다리면 큰 집을 짓고 우선 해결하려면 오막살이밖에 얻을 수 없다. 대기만성의 인내심이 필요한 시절이다.

부처님께서는 항상 「나는 누구인가」에 관심을 가지라고 가르치셨다.

'참나'를 찾자

—

우리 절에는 정원수가 많다. 그래서 나무를 돌보는 정원사가 있는데 나무 깎는 작업을 보면 신비롭다. 키가 큰 향나무 등을 다양한 모양으로 깎아내는 손놀림은 잠시도 쉬지 않는다. 어떻게 저렇게 쉬지 않고 며칠씩 나무를 깎을 수 있는지 놀라지 않을 수 없다. 그런데 어느 날 이분이 나에게 고개를 절래절래 흔들면서 이렇게 묻는 것이다.

"스님은 어떻게 그렇게 오래 염불을 하십니까? 놀라겠습니다."

내가 나무 깎는 것을 보고 놀란 것 이상으로 하루 종일 염불하는 나를 보고는 오히려 놀라서 묻는 것이다. 내가 보기엔 나무 깎는 작업이 훨씬 힘든 일인데 의외였다.

그리고 보면 우리 절 기사님도 잠시를 가만히 있지 못한다. 버스 기사이면서 전기 용접 기계와 관련된 일에는 신바람이 난다. 뭔가를 지시하고 돌아서면 벌써 기계를 사다가 작업을 하고 있다. 그래야만 직성이 풀린다.

어쩌면 사람마다 타고난 업이 이렇게 다를까? 나에게 나무를 깎으라면 한 시간이 못 돼서 몸살이 날 것이다. 반대로 정원사에게 염불을 하라면 졸고 있기 십상일 것이고 기계가 전공인 기사에게 나무를 깎으라면 속에서 천불이 날 것이다. 이처럼 사람마다 해도 해도 지겹지 않은 업이 있다.

요즘 부모들은 아이의 적성에 맞게 뭐든 하게 할 거라고 말을 한다. 어찌 보면 무책임하게 들리는 말이지만 전생부터 익혀온 업이 있다면 금생에도 발굴해서 연장해 주는 것이 바람직하다고 본다. 그러면 그들은 신바람 나는 삶을 살 것이다. 이런 과거의 습성을 모르고 전혀 맞지 않는 일을 하게 된다면 얼마나 괴로울까. 그래서 나를 발견하는 일은 중요하다.

부처님께서는 항상 '나는 누구인가'에 관심을 가지라고 가르치셨다. 드러나는 나도 소중하지만 과거부터 나를 형성해 온 진아眞我를 회복하는 일은 더욱 가치 있는 일이라는 것이다.

배었던 절망 벗어 놓고
흐르는 시냇물에
땀을 씻어보지 않고는
얽힌 고설킨 세상사
모두 뒤로하고 대자연에
홀로 서 있는 당당한 수행자의
정신세계를 헤아릴 수 없다.
그 멋을 진정 떠나 보지 않은
사람은 모른다.

어떻게
살 것인가

—

법정 스님의 글 중에 이런 부분이 있다.

은사이신 효봉 스님께서 수행을 위해서 어느 암자에 들렀더니 암자가 비어 있었다. 그런데 쌀독과 김칫독이 가득 채워져 있고 땔감도 잘 패져 쌓여 있더라는 것이다. 덕분에 아무 걱정 없이 한철 공부를 잘 마치고 이제 암자를 떠날 때가 되었다. 그래서 스님은 마을에 내려가 탁발을 해서서 처음 암자에 왔을 때와 같이 쌀과 김치, 땔감을 마련해 놓고 암자를 떠났다. 그리고 얼마간 시간이 흘러서 혹시 하는 마음에 다시 그 암자를 찾아보니, 세월이 흘렀는데도 여전히 채워지고 쌓여 있는 것을 보았다고 한다.

요즘 같은 세상에서는 꿈 같은 얘기이지만 얼마 전까지도 이렇게 말없는 언약이 지켜져 내려왔다. 나는 이 이야기를 한번씩 떠올리는데, '나는 지금 어디에 서 있는가, 쌀독에서 쌀을 먹고 있는 입장인가, 쌀을 가져다 채우는 입장인가' '내가 어떻게 살아야 되고, 또 어떤 은혜 속에 살았고, 어떻게 은혜를 베풀고 살아야 되겠는가' 하는 것을 많이 생각하게 된다. 그런 의미에서 '어떻게 살아갈 것인가'를 함께 생각해 보기로 하자.

많은 가르침들이 있지만 나는 달마 대사의 '이입사행론二入四行論'에 아주 큰 호감을 가지고 있다. 달마 대사의 이입사행론은 '이치를 근본으로 해서 행으로 들어간다'라는 가르침이다. 이치라고 하는 것은 부처님께서 말씀하신 진리 자체인 것이다. 부처님께서는 우리 중생들은 일체를 공空으로 보지 않고 실체로 보는 데서부터 온갖 고통이 시작된다고 했다. 공으로 보면 어느 것이든 고정되어 있는 실체가 아니라 흘러가고 있다는 것이다. 흘러가고 있으므로 흐름에 따를 때 행복해지는 것이고, 흐름을 거역하고 실체로 받아들일 때 고통이 우리 앞에 나타나는 것이다. 그러면 어떻게 이 공을 이해하고 우리 생활을 행복으로 이끌 것인가.

이입사행의 첫 번째는 보은행報恩行이다. 보은행은 빚 갚는 수행이다. 우리가 지금 살아가는 데 있어서 조금이라도 힘들고 고통스러운 것이 있다면, 과거 전생에 내가 지금 고통 받을 만한 원인을 지었기 때문이다. 그러니까 그 원인에 대한 결과로서 지금 내가 고통을 받는 것이다. 지금 고통이 있다면 과거에 지었던 원인에 대한 빚을 갚고 있다는 얘기다.

  20여 년 전에 서울 서초동의 대성사 주지를 할 때다. 하루는 법회를 마치고 내려가는데 노보살님이 나한테 하소연을 하시는 것이다. 하소연인 즉 얼마 전에 있었던 일에 관한 것이었다. 보살님은 스물일곱에 혼자 되셨는데 혼자 되셔서 아들 둘을 키우려고 하니까 그 생이 얼마나 힘드셨겠는가. 그래도 자식들이 잘 커서 다들 결혼도 시키고 힘들게 돈도 좀 모으셨단다. 그런데 그 모았던 돈을 바로 그 얼마 전에 떼였다는 것이다. 얼마인지 액수는 얘기하지 않았는데 혼자서 자식을 키우고 살아온 것만 해도 억울한데 그나마 모아 놓았던 돈마저 어떤 사람에게 떼이고 나니까 살고 싶은 생각이 없다는 것이다.

  어떻게 해야 되겠는가. 그 보살님이 그렇게 말씀하실 때 무심결에 "아이고, 전생 빚 갚은 것이겠죠. 마음 편하게 가지십시오" 그렇게 말씀을 드리고 다음 법회 때 그 노보살님을 만났는데 얼굴이 그렇게 밝을 수가 없다. 어쩌면 그렇게 달라질 수가 있을까.

  그 노보살님은 "내가 스님 이야길 듣고 이것으로써 전생 빚을 싹 갚았다고 생각하니까 진짜 감사하는 마음이 생기고 다시는 빚을 지지 말아야겠다는 생각이 들어서 이렇게 부처님 앞에 와서 서게 되었습니다"라고 말씀하시는 것이다. 얼떨결에 한 얘기였는데 그분에게는 엄청난 힘이 되었던 것이다.

모든 것은 과거에 내가 지은 업을 씻는 일이다. 이렇게 보면 남 원망할 일 하나도 없다. 다 과거의 내 일이고 모든 것은 내가 짓고 내가 받는다는 것이 불교다. 그러니까 과거 전생의 내가 뭔가 잘못을 했기 때문에 현재 힘든 것이라고 한다면, 남 원망할 일이 하나도 없다. 그렇기 때문에 남 탓 하지 말고 자기 자신을 철저하게 돌아봐야 된다.

두 번째 수연행隨緣行이라고 하는 것이다. 수연행이라고 하는 것은 인연을 따르라고 하는 말이다. 우리 앞에 나타나는 모든 일은 그것이 고통이 됐든 즐거움이 됐든 어떤 원인에 의해서 나타나게 된다. 그런데 우리 앞에 나타났던 그 고통과 즐거움이라고 하는 것이 또 언젠가는 사라지게 돼 있는데, 사라진다고 하는 것은 인연이 다 됐기 때문에 사라진다는 것이다.

고통이 올 때도 고통의 원인이 있어서 왔다면, 고통의 원인이 다하면 스스로 고통이 사라져 버린다. 기쁨이 내게 왔다고 해서 영원히 머무르는 것이 아니라 기쁨의 원인이 다해 버리고 나면 이 기쁨도 머물지 않고 가 버린다는 말이다. 고통이 온다고 하더라도 고통에 떨어져서 허덕일 일이 아니라, 이 고통의 원인을 찾아보고 얼마만 한 고통이 되겠구나라고 생각해 보는 것이다. 그러면 그 고통을 받아들이게 되고 그 고통을 받아들여서 그것이 다 됐다고 생각한다면 스스로 가 버리게 된다는 것도 알게 된다. 이것이 공空이라는 것이다. 고통이라 하는 것도 실체가 있는 것이 아니라는 것이다. 인연의 조화에 의해서 개념으로 우리에게 다가온 것이다. 그러니까 고통스럽다고 좌절할 일도 아니고 기쁘다고 자만할 일도 아니고 여여如如하게 살라는 것이다. 이것이 수연행이라고 하는 수행이다.

세 번째는 무소구행無所求行, 구하는 바가 없는 수행이다. 여러분이 지금 원하는 것이 무엇인가? 뭔지는 모르지만 원하는 바가 있으면 원하는 만큼 괴로움이 있다. 내가 바라는 것이 있을 때 분명히 거기에는 그만큼의 대가가 치러진다는 것을 내가 분명히 안다면 세상을 바라볼 때 훨씬 더 합리적이 되는 것이다. '천석꾼은 천 가지 걱정이 있고 만석꾼은 만 가지 걱정이 있다'고 하는 말이 있다. 그런데 가지고 있으려면 가지고 있을 만한 노력을 해야 하는데, 노력도 하지 않고 가지고 있으려고 하는 것은 도둑 심보이다. 우리 안에 있는 고통들은 어찌 보면 내가 그만큼 욕심을 부리고 있기 때문이다. 원하는 만큼 당연히 그만큼의 대가를 치르겠다는 마음으로 살면 고통이 있을 수 없다.

마지막으로 네 번째 칭법행稱法行이라고 하는 수행이다. 칭법행이라고 하는 것은 법, 진리에 합당한 수행이라고 얘기할 수 있다. 그러니까 '법대로 살아라' '진리대로 살아라', 그런 얘기다. 이 말은 다시 '지혜롭게 살라'는 얘기다. 지식을 넘어서 지혜의 힘을 길러야 된다는 것이다.

모든 존재는 다 공한 것이고 실체가 없는 것이다. 내가 '밉다, 곱다' 라고 하는 그 마음조차도 과거의 인연과 추억의 산물로 나온 하나의 생각·개념일 뿐이다. 진정으로 내가 진리와 계합해서 하나가 된다고 하는 것은 그런 감정의 노예가 되어서는 안 된다는 것이다.

평생 용서가 안 될 사람이 있다고 하더라도 오늘 다 용서해야 한다. 왜? 도저히 용서 안 된다고 하는 그 마음조차도 실체가 아니기 때문이다. 과거의 기억으로 만들어 낸 하나의 생각일 뿐이라는 것이다. 오늘 내가 이 사람 아니면 죽고 못 산다 하는 것도 진짜가 아니다. 그렇게 진정으로 굳은 개념이 있다고 하더라도 설령 그 개념의 노예가 되어서는 안 된다. 그것조차도 내 인지능력이 만들어 낸 하나의 생각·개념일 뿐이라는 것이다. 그래서 이것에도 끄달리지 않고 저것에도 끄달리지 않고, 이것도 저것도 다 뛰어넘어서 모든 것을 공으로 보고 집착하지 않는 그 마음을 내가 완전하게 받아들일 때, 그것이 곧 진리와 하나 되는 삶을 사는 것이다.

부처님께서 우리 중생들에게 보여주신 길은 두 가지다. 하나는 지혜의 길이고, 하나는 자비의 길이다. 진정으로 우리가 얻어야 될 것이 있다면 지혜를 얻는 일이요, 나누어야 할 것이 있다면 자비한 마음이다.

그래서 모든 중생들과 더불어 함께 행복할 수 있다는 것이 부처님께서 우리에게 주신 가장 소중한 가르침이다.

앉을 자리와
설 자리

—

　소임을 살다 보면 어른 스님들의 법문시간 조절 문제로 고민하는 경우가 많다. 이제는 마치려는가 싶으면 다시 시작되고 끝나는가 싶으면 어느새 다른 이야기가 연결되어 버리는 상황을 만나게 되면 일어서서 시간이 되었다고 말씀드릴 수도 없고 여간 당황스러운 일이 아니다.
　심지어는 이런저런 맺음말을 붙여가며 흥에 겨워 법문하실 때는 답이 나오지 않는다. 끝으로, 마지막으로, 다시 말하면, 덧붙여서, 결론적으로, 이것만 이야기하고 마치겠다는 등으로 법문 후반부가 이어질 때는 속이 탄다는 말을 실감한다. 반면 약속한 시간만큼은 하셔야 되는데 일찍 마치는 경우에도 당황스럽기는 마찬가지이다.
　이런 당황스러움은 비단 법문 때에만 국한되는 것은 아니다. 행사에서 축사를 하는 경우에 주제와는 동떨어진, 분에 넘치는 이야기로 좌중을 당황하게 하는 사람들을 보게 되는데 참 한심스러운 일이다. 행사 진행상 간단하게 해야 될 자리에서 길게 함으로 해서 들리지 않는 원성을 사는 경우도 허다하다.

그런가 하면 재가불자가 하는 축사가 오히려 법문 같고 스님이 하는 법문이 오히려 축사 같은 경우도 종종 있다. 이쯤 되면 여기저기서 듣는 자세부터 달라지기 시작한다. 문제는 여기서 그치지 않는다. 축사나 격려사, 심지어는 법문까지도 어느 정도 예상하고는 앉아서 이것저것 평가하는 청중도 있다. 물론 의례적인 행사에서 말이다.

우리의 삶도 마찬가지다. 지금 내가 해야 될 일과 하지 않아야 될 일이 있다. 그런데 무엇이 당장 필요한 일인지에 대해 무감각하다. 그러고는 온갖 일에 다 참견한다. 그런 사람들을 만나면 불쌍하다는 생각이 들 때가 더러 있다. 부처님은 지혜 있는 사람과 어리석은 사람의 차이를 『증일아함경』에서 이렇게 말씀하셨다.

"어리석은 사람은 제가 할 수 있는 일은 하지 않고
반대로 할 수 없는 일을 하려고 애쓴다.
그러나 지혜로운 사람은 할 수 없는 일은 하려 하지 않고
자기가 할 수 있는 일만을 열심히 한다.

그러므로 어리석은 사람처럼 행동하지 말고
지혜로운 사람을 늘 본받아야 한다."

주지 임기 문제로 고민했던 적이 있었다. 때가 되면 알아서 일어서는 아름다움을 꿈꿔 온 것이 사실이다. 그런데 어느새 그 결정을 해야 하는 시간을 맞게 된 것이다. 어떻게 하면 깔끔한 회향을 할 수 있을까 하는 것이 언제나 나 나름대로의 화두이다.

평소 존경하는 어느 스님은 만개하고 나면 그대로 꽃잎이 흘러 버리는 목단을 유난히 좋아하신다고 했다. 낙화인들 꽃이 아닐쏘냐마는 끝까지 떨어지지 않고 매달려 마지막 추한 모습까지 다 보이고 떨어지는 다른 꽃들과는 가치가 다르다는 뜻이다. 그렇기 때문에 소임이 곧 내가 아니라 소임과 관계없는 나의 가치를 찾는 일이 더 소중한 일이다.

세상에는 내가 아니면 안 되는 일도 있지만 꼭 나여야만 하는 경우도 없다. 주어진 인연의 끈을 따라 그렇게 왔다면 이제는 그렇게 가야 하는 것이 자연스레 살아가는 순리이다. 땅에 떨어진 목단꽃잎을 바라보며 진정한 가치를 새겨보는 것도 좋은 수행인 것이다.

내가 사는 절은 잘 정돈된 정원을 가진 아름다운 농장이다.
분재에 가까운 귀한 소나무와 가지가지 모양으로 조각된 나무들로 조화를 이루고 있다.

봉정암
백담사를 가다

—

겁이 없는 걸까, 몰라서 용감한 것인가.

일천 대중을 이끌고 봉정암을 올랐다. 버스 25대를 줄 세워 백담사를 향하는데 중간에 비가 온다. 이대로 계속 비라면 대략난감이다.

'부처님 도와주십시오.'

믿는 맘 하나로 달려갈 뿐이다. 강원도 인제를 지나니 해가 난다.

'부처님 감사합니다.'

더없이 해맑은 산천, 바라보이는 설악의 한 모습은 흰 구름을 이고 있다. 백담사 주차장에 도착하자 마음은 바빠지기 시작한다. 마을버스를 타는 데도 조금은 민감해 보인다.

마을버스는 35인승, 우리 일행을 위해 30대가 필요하다 보니 모두 백담사까지 가는 데 1시간30분이 걸린다. 10시가 조금 넘은 시간에 백담사 참배를 마친 봉정암 순례자들을 대상으로 유마회 거사님들이 한 사람씩 몇 호차 좌석번호 몇 번에 이름이 무엇인지 점검한다.

봉정암 가는 인원은 802명이다. 백담사에 남는 인원은 183명, 자유인(?) 27명, 모두 1,012명이다. 인원을 확인한 후에는 등산 진행을 맡은 개인택시 불자들의 모임인 선우회의 인솔로 산행을 시작한다. 인연 따라 맘에 맞는 도반끼리 삼삼오오 걸어간다. 모처럼 살아가는 이야기로 정겹다. 아직은 여유도 있고 자신도 있다.

사람과 친해진 다람쥐는 먹을 것을 구걸하는데 도시에서 보지 못한 흥미로운 모습이다. 지난 수해로 길이 무너지고 훼손된 덕분에 새롭게 만든 길은 전에 비하면 탄탄대로다. 재질도 나무라 감이 좋다. 한 시간을 걸었을까, 영시암에 다다르니 저마다 먹을 것을 꺼내 먹으며 휴식을 취한다.

빵과 과일을 주는데 인심이 후하다. 인생의 도가 여기에 있다. 베풀어 가방을 비우는 사람은 산행이 가볍고, 욕심내어 안 베풀면 가방이 무거워 힘든 산행을 해야 한다. 묘한 법칙이다. 그러니 어떤 경우에는 얻어먹는 것이 그 사람을 도와주는 일이다.

다시 출발한 산행, 산도 높고 물도 깨끗하고 공기도 좋다. 자연이 주는 가장 큰 선물이다.

맘껏 느낄 수 있다는 것이 행복이다. 계곡의 돌들은 물에 씻겨 깨끗하다. 폭포도 있고 선녀들이 목욕하는 전설 속의 선녀탕도 보이는 듯하다. 곳곳에 발을 담그고 쉬는 모습이 아름답다. 쉬는 동안에는 소풍이다. 얼굴에 행복이 넘친다.

그러나 다시 출발하는 걸음들은 고행이다. 올라갈수록 치솟은 바위산은 그 위용을 자랑하는데 그것을 보는 기쁨에 비례해 순례자들의 몸은 점점 지쳐간다.

이 산을 돌면 봉정암이려나 저 모퉁이를 돌면 절이 보이려나, 끝도 없는 길을 가는 기분이다. 마주 오는 사람이 있으면 여지없이 묻는다. 얼마나 남았냐고. 그런데 산에서는 아무도 믿을 수가 없다. 한결같이 조금만 가면 된다고 하니 말이다. 그저 가는 수밖에 별 도리가 없다. 드디어 깔딱고개 앞에서 마지막 도착 인원점검을 한다.

'네 발로 긴다'는 얘기는 가파른 오르막을 오르는 모습을 말하기도 하지만 체력이 소진되어 엉금엉금 기어가는 처절한 모습을 말하기도 한다. 몸도 내 몸이 아니요, 마음도 내 마음이 아닌 것 같다 한다. 몸은 내 몸인데 내 마음 먹은 대로 가지 않고, 마음은 내 마음인데 내 몸 하나 마음대로 안 되니 답답하다.

많은 생각을 하게 된다. 몇 년 전 브라질 리우데자네이루에 갔을 때

산꼭대기에 세워져 있는 예수상에 올라간 적이 있다. 거기도 마지막에는 조금 걸어야 하는데 그때 같이 간 브라질 신사가 말하기를 "산을 올라갈 때는 어떤 신도 도와주지 않고 산을 내려올 때는 모든 신들이 다 도와준다"라고 했다. 공감하는 얘기다. 오를 때는 누구 하나 도와줄 수 없다. 순전히 내가 가야 한다. 그런데 내려올 때는 굴러 떨어질까 봐 걱정이다.

탑전에서 내려다보는 설악산은 장엄하다. 기가 막힌 바위들로 이어진 돌산의 향연. 그 중심에 내가 우뚝 솟아 굽어보는 풍경은 재주 없는 내 말솜씨로는 어찌할 수 없다. 그저 탄성의 연속이다. 사리탑에 절을 하고 마침 일몰을 만나니 낮에 힘겹게 올랐던 생각은 어느새 멀고 먼 전생의 일인 듯하다. 지는 해의 여운은 노을로 남는다. 아련한 추억과 막연한 기대가 교차하는 시간이다.

동해를 바라보면 앞산의 병풍을 넘어 울산바위가 보일락말락 하고 그 너머에는 속초시의 모습이 사진처럼 작다. 그 뒤는 동해바다다. 밤에는 고깃배의 불빛이 장관을 이룬다. 어둠을 밀어내는 반달의 밝기가 생각보다 밝다. 그즈음 유마회의 108배가 우렁차다. 이렇게 봉정암의 밤은 깊어간다.

탑전에서 내려와 방사를 살펴보니 소리 없는 작은 전쟁이다. 양보가 어려운 상황이다. 한 바퀴 둘러보는 것만으로도 자리 정리가 될 것 같다. 무간지옥, 사이가 없는 지옥이다. 한 명도 꽉 차고 천 명도 꽉 차는 신기한 방. 많아도 수용하고 적어도 남지 않는 무간無間의 방이다.

벌써 어떤 사람은 자는 척 반응이 없다. 깨워도 일어나지 않는다. 그래서 옛말에 '잠든 사람은 깨울 수 있어도 잠든 척하는 사람은 깨울 수 없다'고 했다. 목적을 가지고 잠든 척 누워 있는 사람을 무슨 수로 깨운단 말인가.

예불과 기도 시식이 끝나고 저마다 정리를 한다. 공양배식이 시작되고 벌써 내려가려는 줄이 길다. 내려갈 땐 모든 신들이 도와준다는데 왜 이리 서둘까. 모르긴 해도 다들 계산이 있다. 계곡물에 발도 담가야겠고, 체력을 생각하니 앞서는 게 낫겠다 싶은 모양이다.

주먹밥도 크게 안 반갑다. 보내만 주면 좋겠다는 표정이다. 드디어 출발, 그래봤자 깔딱고개에서 기어 내려가야 한다. 다시 일일이 인원체크를 한다. 내려오는 길은 왠지 거저먹는 기분이다. 여유가 있다.

영시암을 지나 백담사까지는 지겹기까지 하다. 백담사에서 마을버스를 타기 전에 다시 인원체크를 한다. 그리고 염주알을 받는다. 백담사 주차장에서 관광버스로 목욕을 하러 간다. 오는 대로 목욕하고 각자 점심을 먹도록 했다.

끝으로 많은 분들의 노고가 있어 가능한 봉정암 기도였지만 특히나 유마회와 선우회의 헌신적인 봉사가 '걸망 메고 떠나는 홍법사 108산사 순례'를 더욱 빛나게 하고 있음에 깊은 감사를 드린다.

넘어야 할 산
한계

—

　세상에 부러울 것도 아쉬울 것도 없고 오로지 출가의 기쁨에 젖어 마치 한 경계를 이룬 큰 스승인 양 우쭐대던 초심 때의 일이다. 나 자신의 구제는 물론이거니와 기도의 어떤 결실도 얻지 못했던 출가 초기에 심상찮은 초청을 받았다.

　17살 남자아이가 목에 곰팡이가 피어 목이 썩어가는 기이한 병고를 치르고 있었는데 그 아이가 스님을 만나고 싶다고 간청을 해서 인연의 꼬리를 물어 내게로 연결되었던 것이다. 그래서 서울 강남의 반포에 그리 크지 않은 서민아파트로 안내되어 그 학생과 만나게 되었다. 병고에 찌든 야윈 체구에다 지칠 대로 지쳐 보이는 모습에 마음이 아팠다.

　오랜 시간 누워 있었던 탓에 마치 바늘방석 위에 누운 듯 힘들다고 했다. 그리고 눈만 감으면 경찰아저씨가 데리러 오는 꿈을 꾸는데 무섭다고 했다. 아마도 저승사자의 그림자가 그 아이의 세계에서는 경찰로 보였던 모양이다. 그러니까 눈을 감는다는 자체가 두려움일 수밖에 없었고, 눈을 뜨면 보이는 것이 모두 절망의 그림자가 되어 괴로운 것이다.

간절한 마음으로 기도를 하고 이런저런 이야기를 나누면서 "지금 하고 싶은 것이 무엇이냐"고 했더니 한 번만이라도 친구들과 운동장에서 마음껏 뛰어노는 것이 유일한 바람이라고 했다. 그리고 자신의 처지를 희망으로 승화시킬 힘을 다 소모해 버린 듯 물끄러미 쳐다보는데 절망의 아픔이 고스란히 배어 있는 애절한 눈빛이었다.

그런 만남이 있고 3일 후 모든 것을 가슴에 안고 그 아이가 이 세상을 떠났다는 소식을 들었다. 그때 그 아이에게 뭔가 시원스러운 말을 해주지 못한 채 일상의 주변을 맴도는 이야기만 나눈 것 같아 못내 아쉬웠다. 그리고 이상과 현실 사이에서 분명 한계를 느끼고 있었다.

그로부터 십수년이 지난 몇 년 전의 일이다. 도심에서 포교한다고 전력투구하던 내 자신감과는 무관하게 또 한 번의 한계를 느끼게 되었다. 신도 중의 한 보살님이 암으로 힘겨운 투병의 시간을 보내고 있었다. 그런 투병의 마지막에 죽음을 기다리며 병원에 입원하게 되었다. 평소에도 차분하던 성격이었지만 환자 같지 않은 여유와 모든 것을 체념한 후의 편안한 마음가짐이 오히려 주변 사람들을 안타깝게 했다.

　얼마 후 두 번째 문병을 갔을 때는 뼈만 앙상한 채 의사표시도 하지 못했다. 그래도 긍정적인 자기관리 앞에 참 대단한 임종을 준비한다는 생각을 가졌다. 한 사람이 죽어가고 있는데, 더 이상 회생을 기대할 수는 없는 상황에서 내가 그에게 해 줄 수 있는 것은 기도라는 나의 정성 어린 마음 외에는 아무것도 없었다.

　이처럼 세상에는 나의 화려한 이상세계와는 다르게 때로는 한계를 느끼는 경우가 종종 있다. 그래서 섣부른 교만과 자만보다는 하심하는 삶이 아름다운 것이다. 그리고 대자유와 자재를 갈구한다면 철저한 자기관리로서의 수행이 일상에 젖어들어야 하는 것이다. 내 한계를 극복하기 위해서라도.

희망을
이야기하자

―

　중생에게 가장 큰 희망은 무엇일까? 두말할 나위 없이 누구나 부처님이 될 수 있다는 것이다. 누구나 다 부처님의 씨앗을 가지고 있기 때문이다. 부처님께서 열어주신 깨달음을 수행을 통해 성취하면 된다. 희망을 현실에서 이루지 못하는 것은 능력의 문제가 아니라 게으름의 문제다.
　해마다 거창한 계획을 세우고 희망과 기대에 부풀어 보지만 얼마 지나지 않아 포기하고 마는 것은 환경이나 조건의 문제가 아니라 다만 자신의 게으름과 약한 의지 때문이다.
　안 되는 것은 없다. 모든 것은 희망이다. 못난 중생도 성불하는데 중생놀음 안에서 이루지 못할 일이 무엇이겠는가. 거기다 영원한 것도 없다. 모든 것은 변화한다. 그야말로 무상한 것이다. 그 무상의 진리가 희망이다.

그런 의미에서 미국의 흑인 오바마의 대통령 당선은 시사하는 바가 크다. 미국 역사에서 흑인의 위치는 주인이 사고 팔 수 있는 노예 정도이거나 우리의 역사에 비추어 보면 조선시대 상놈 정도의 절망적인 존재였다. 그러나 세월의 변화 속에 대등한 주권을 행사하는 시민의 자격을 넘어 그들을 이끌어가는 리더로 우뚝 서는 변화를 맞은 것이다. 더 나아가 미국인이 가장 존경하는 인물로 뽑히는 현실이 되었다. 이제 오바마는 흑인은 물론 미국의 새로운 희망이다. 부단한 자기 노력이 만들어 낸 인간승리인 것이다.

세상의 변화는 거기서 그치지 않는다. 끝없이 움직인다. 물질과 정신, 가치관과 기득권, 그 어떤 것도 영원하지 않다. 주변을 보라. 의식주를 포함한 모든 분야에서 고유의 문화가 무너지고 있다. 밥이 최고라던 음식문화도 이제는 밥을 먹기 위해 반찬이 필요한 것이 아니라 반찬을 제대로 먹기 위해 약간의 밥이 필요한 시대가 되었다. 더 이상 밥을 고집하는 문화가 아니다.

정형화되었던 음식의 개념들이 국적을 알 수 없는 퓨전이라는 표현으로 자기의 정체성을 넘어 서로 조화를 이루며 공존하고 있다. 심지어 절대적 개념의 인종, 지역, 언어 또한 서로 어울려 세상이 하나가 되어

가고 있다. 그야말로 세계일화世界一花인 것이다.

　여기서 다시 짚어야 하는 중요한 사실은 변화가 희망이 되려면 노력이 필요하다는 것이다. 가만히 있는데 변화하고 그 변화가 모두 희망으로 열매 맺지는 않는다. 땅을 가만히 두면 잡초만 무성해진다. 음식을 그냥 두면 썩기만 한다. 연기로 조화를 이루는 역동적인 현실 앞에 끊임없이 미래를 대비해야 한다.

　어떤 인연들이 모여 지금, 오늘을 만들지 예측하기 어렵다. 과거 한때 찬란했던 역사를 이루었다고 해서 그것이 미래까지 유효한 것은 결코 아니다. 오직 현재만이 우리의 소중한 역사를 만들고 있다. 과거는 추억이고 미래는 막연한 기대일 뿐이다.

　이쯤이면 이 땅에서 불교가 가지는 역사성과 문화적 절대의 가치도 영원하지 않다는 사실을 직감적으로 알아야 한다. 이처럼 알 수 없는 변화 앞에 지금껏 누렸던 기득권을 계속 유지하기 위해서는 거기에 상응하는 희생이 따라야 한다. 부단한 자기수행과 대중적 포교만이 불교의 미래를 더욱 아름답게 한다는 사실을 겸허히 받아들여 정진할 일이다. 새해 아침에 또다시 포교로써 희망을 이야기하고 싶다. 언제나 그렇듯이.

오직 현재만이 우리의 소중한 역사를 만들고 있다.
과거는 추억이고 미래는 막연한 기대일 뿐이다.

김장을 담그며

―

밭에 배추씨를 뿌릴 때만 해도 겨울은 멀었었다. 더위도 완전히 가시지 않았고 아직 단풍도 들지 않은 초록의 세상일 때 한 철을 뛰어넘어 추운 겨울을 준비하기 시작한 것이다. 싹이 트고 가을의 청량한 햇빛 아래 하루가 다르게 커 가던 배추는 서리가 내릴 즈음에는 속이 영글도록 묶어 주었다. 어떤 농약이나 화학비료를 쓰지 않고 자연 퇴비와 깨끗한 물로만 키운 청정 무공해 배추다. 무밭도 상황은 비슷해서 올해 김장 농사는 성황을 이루었다.

부산은 남녘이라 어제서야 배추밭을 헐었다. 밭에서 뽑고 다듬는 단체, 소금에 절이는 단체가 기계적으로 움직인다. 겨울을 나기 위한 준비라서 마음이 넉넉하다. 옛날에는 김장만 해 놓으면 부러울 게 없는 부자였다. 그만큼 소박하게 살았다. 한 집에서 보통 한두 접은 담그는 분위기였지만, 요즘은 먹을거리가 넘쳐나서 십분의 일도 못 되게 양이 줄었다. 세상이 풍족해서 추운 겨울이라도 걱정이 없다. 그런데 이런 좋은 세상이 얼마나 유지될까. 지구는 온난화로 변화하고 환경은 날로 악화되는 상황에서 오늘 누리는 태평성대가 마냥 주어지는 것은 아닐 것이기 때문이다. 그저 막연한 생각이다.

김장김치 담그는 일은 거의 불사에 가깝다. 왜냐하면 작년에 담근 김장김치를 아직 먹고 있기 때문이다. 어지간한 인원이 급작스레 온다 해도 부담 없이 대접할 수 있다. 거기다 묵은 김치는 묵은 만큼 값을 한다. 얼마 전에는 점심에 김밥을 싸기에 웬일이냐고 했더니 마지막 김칫독을 열어서 별식으로 김치김밥을 싼다는 것이었다. 그래서인지 맛이 담백했다. 가끔은 두부를 만들어서 묵은 김치를 볶아 얹어 먹는데 그 맛의 조화는 가히 일품이다. 참 행복한 일상이다.

어제 절인 배추로 오늘은 온 식구들이 모여 김장을 담갔다. 그야말로 대중울력이다. 50여 명이 하루 내내 절인 배추를 씻고 소를 버무리고 단지에 옮겨 묻는 일을 했다. 거사님들이 10여 명 동참해서 다행히 마무리할 수 있었다. 다들 신심 나고 보람 있는 표정이다. 미소가 넘쳐나고 왁자지껄 한바탕 잔치가 벌어진다. 새참도 맛있고 막간의 흥겨운 음악은 피로를 달래주기에 충분하다.

부처님 일은 이것이 묘미다. 자기 집 일인들 이렇게 헌신적일까! 저마다 환희심에 넘치는 정겨운 시간이다. 사흘에 걸친 김장을 끝낸 신도들의 얼굴은 마치 숙제를 마친 아이처럼 뿌듯하다. 넉넉한 김칫독의 여유가 서로에게서 보인다. 더러는 '올해 절 김장하다가 팔 떨어지는 줄 알았다'고 투정하는 소리도 들린다. 그러나 얄미운 엄살이 아니라 적어도 내 귀에는 해맑은 애교다. 인간미가 느껴지는 공동체의 모습을 보는 것 같아 훈훈하다.

이런 와중에 뭔가 스치는 것이 있다. 오지도 않은 겨울을 위해 늦여름부터 먹을거리를 미리 준비하는 생활의 지혜는 이처럼 뛰어난데 어떻게 된 영문인지 피부로 느껴지는 불교의 미래를 대비하는 일에는 왜 이리도 둔감한 것일까. 며칠 남지 않은 대선을 앞둔 정치판의 분위기가 심상치 않다. 어쩌면 새봄을 기다리며 혹독한 겨울을 슬기롭게 넘길 수 있는 지혜가 필요한 것은 아닌지 염려된다. 작년에 담근 김치는 아직도 그 맛을 뽐내고 있는데 말이다.

한 해를
여유 있게 마감하기

—

　또 한 해가 저문다. 풍성하던 자연은 어느새 앙상함으로 자리한다. 유난히 폭우와 산불로 재난이 컸던 고향 땅 강원도는 폭설이 온다고 야단이다. 어린 시절 너와집 처마 끝까지 눈이 내리면 그 속에 굴을 파고 세상천지 모르고 놀던 기억이 아련하다. 남쪽 지방에서는 동화 같은 이야기이다. 겨울의 추억은 그렇다 치더라도 한 해가 저무는 이쯤이면 대개 뿌듯함보다는 아쉬움이 앞선다. 아무리 잘 살아도 지나고 보면 뭔가 부족함이 남는 것은 중생이라서일까? 오늘같이 비라도 내리는 날이면 문 밖의 고즈넉한 풍경은 많은 생각에 잠기게 한다.

　홍법사에는 유난히 정원수가 많다. 그래서 산사라기보다는 공원 같은 절이라는 소리를 많이 듣는다. 도량 전체를 장엄하고 있는 고급 소나무나 향나무 등 잘 다듬어진 다양한 수종의 나무들 속에서 누구나 부러워하는 복에 겨운 환경을 누리고 산다. 그런데 거기에도 희비와 성쇠의 흐름이 있다. 어느 해는 단풍나무가 힘겨운 병색을 보이기도 하고, 또 어느 해는 모과나무가 시름시름 열매를 맺지 못하고 아파하는가 하면, 때로는 강하다는 소나무가 누렇게 말라 가서 긴장하게 한다.

같은 공간 안에서도 형편에 따라 건강한 푸름으로 기쁨을 주는 나무가 있는가 하면 당장이라도 뽑아내고 싶을 정도로 상태가 안 좋은 나무도 더러 있다. 그런데 문제는 그런 나무들의 상태가 시간이 흐르면 자연스레 바뀐다는 것이다. 설령 지금은 뽑아내야 화단에 더 어울릴 것 같던 그 나무도 인내의 세월 속에 언제 그랬냐 싶을 정도로 건강하게 변화하는 것을 보면 내심 놀라지 않을 수 없다. 당장 보기에 부족하다 하여 뽑아내기 시작한다면 오래지 않아 화단은 빈 뜰이 될 것이다. 그저 묵묵히 여유 있게 바라봐 주면 화단은 알아서 건강한 아름다움을 유지한다.

우리네 인생도 마찬가지이다. 어느 해는 절망의 나락에서 좌절하기도 하고, 살다 보면 어느 해는 세상을 얻은 기쁨으로 환희용약하기도 한다. 어느 시기는 내 삶에서 영원히 도려내고 싶을 정도로 후회스럽기도 하고, 또 어떤 시기는 평생을 두고 자랑거리로 삼고 싶을 만큼 뿌듯하기도 하다. 물론 삶의 시간들은 뜰 앞의 나무처럼 뽑고 심고 할 수 있는 것은 아니다.

그저 모든 것이 내 삶의 소중한 흔적일 뿐이다. 그래서 좌절의 세월을 맞는다고 그 못난 것에 빠져 스스로를 내팽개쳐서도 안 되고, 형편이 잘 풀려 어려움이 없다고 해서 영원히 그럴 것이라고 자만할 일도 아니다. 과거는 그저 추억 속에 존재하고 미래는 다만 우리의 기대 속에 존재한다.

올 한 해도 삶의 무게에 따라 쓰디쓴 아픔의 추억에서부터 감동의 드라마까지 천백 억의 모습으로 남게 될 것이다. 그런데 대개 시대상의 반영이겠지만 우리의 모습이 다분히 전투적이다. 정신없이 바쁘다. 이웃을 돌아볼 여력이 없다. 치열한 생존경쟁을 치르는 전쟁터다. 오늘처럼 내리는 비에 마음 적시며 돌아본 지난 일 년의 삶도 크게 예외는 아니다.

우리는 진정 이렇게 살다가 가는 존재인가. 잘 가꾸어진 앞뜰에도 우리들의 인생에도 언제나 인연의 소치로 그려지는 희비와 성쇠의 쌍곡선이 있게 마련이다. 한 해의 끝자락에서 이런저런 일들을 바라볼 수 있는 차 한 잔의 여유도 불자들의 빼놓을 수 없는 아름다운 모습이다.

Tree

결실, 그리고 또 다른 시작

돌이켜 보면 학인 시절이 그립다.
아직 어둠이 가시지 않은 큰 절의 큰방 안에는 학인들이 독송하는
염불소리가 낭랑하고 밖에는 새들의 지저귐이 청아하다.
그렇게 산사의 아침은 시작된다.

초심
학인이고 싶다

―

　돌이켜보면 학인 시절이 그립다. 어느 절이나 마찬가지겠지만 통도사승가대학 천자각의 아침은 지저귀는 새소리로 시작한다. 천지의 고요를 깨워 불보살님께 올리는 새벽 예불이 끝나면 학인들은 천자각에 앉아 그날 배울 경전을 염송하는데 그때 들리는 새소리는 새벽과 아침이 다르고 계절에 따라서도 사뭇 다르다. 아직 어둠이 가시지 않은 큰절의 큰방 안에는 학인들이 독송하는 염불소리가 낭랑하고 밖에는 새들의 지저귐이 청아하다. 그렇게 산사의 아침은 시작된다.

　그런 학인 시절에는 큰 절의 층층시하가 마냥 어렵고 빈틈없이 짜인 시간표가 부담스러워 새소리의 아름다움에 관심을 가질 여유가 없었다. 지나고 보니 그때가 극락이요, 출가의 초심이 살아 있는 멋있는 시절이었음에도 불구하고 말이다. 지금 아는 이런 여유와 멋을 그때 알았더라면 얼마나 더 환희로웠을까. 어쩌면 그때는 어서 빨리 연륜이 쌓여서 한가한 도인으로 살기를 바랐다고 해야 솔직한 표현인지 모르겠다.

그렇게 통도사승가대학을 졸업하고 도심포교 한답시고 현장에서 살아온 지 어언 20년, 학인의 순수하던 영혼이 세속의 흐름에 물드는 것도 안타깝고 포교한다고 허둥대던 도심에서의 세월 속에 세상을 너무 많이 알아버린 자화상도 싫기만 하다. 어느 때부터인가 소진되어 버린 내면의 수행력은 막연하게나마 초심 학인의 추억에 잠겨 있다. 돌이켜 보면 이것이 비단 나만의 일이겠는가. 출가 수행자로서 도시에서 신도들을 만나며 살아가는 모든 스님들의 한결같은 고뇌일 것이다.

그런데 서울에 이어 부산에도 출가 스님들의 경전연구모임인 문수경전연구회가 생겼다는 소식에 정신이 번쩍 들었다. 이 시대에 너무도 기쁘고 다행한 일이 아닐 수 없다. 설레는 마음으로 기꺼이 동참한 첫날, 초심의 학인이 아닌 120여 명의 중진스님들이 법화경을 펴고 앉은 모습은 마치 부처님 당시의 영산회상을 만난 듯 환희롭기만 했다. 그토록 그리던 배움의 추억을 안고 한자리에 모인 출가대중의 가사장삼을 수한 진지한 광경은 장엄함 자체였다. 강원을 졸업하고 처음 해 보는 상강례 시간에는 잔잔한 떨림마저 느껴졌다.

때로는 겸손하고 때로는 단호하게 경을 설하시는 범어사 대강백 여

천 무비 큰스님의 거침없는 강의에는 희망과 법열의 힘이 넘쳤고 종회의원스님, 율원장스님, 동국대 교수스님, 승가대학 강사스님, 본사 삼직스님, 포교당 주지스님 등 종단의 중진스님들은 숙연히 초심으로 돌아가고 있었다. 단순한 배움의 부족을 채우기 위해서라기보다는 선지식을 친견하고픈 선재동자의 겸허한 구도의 모습이기도 하고 보현행원의 상수불학을 실천하는 불학 행자들의 순수한 서원이기도 했다.

그동안 출가 수행자들이 보여준 결코 아름답지 못한 사건들을 보면서, 걸망 메고 산길을 걷는 수행자의 뒷모습만으로도 번뇌와 시름을 달래던 소박한 불자들은 적잖이 실망하고 아쉬워했다. 이제부터라도 부처님 가르침을 온 세상에 두루 펴는 참수행자들을 기대하는 많은 이들에게 여기 모여 공부하는 출가 스님들의 모습이 본보기가 되어 한국 불교의 미래를 희망으로 이끌어 갔으면 좋겠다.

포대 화상의 웃음과 남을 위한 이타행,
심신 자재한 모습은 바로 우리 불자가 배워야 할 무소유의 삶이다.

부산 불교의
희망을 보다

—

　부산 불교의 희망은 어디 있는 것일까. 먼 산 하늘 위에 무지개로 있는 것인가. 떠 가는 흰 구름의 막연함 뒤에 세월의 무게로 숨어 있는 것인가. 그도 저도 아닌 부산 구덕운동장에서 열린 불기 2553년 부처님 오신 날 봉축 부산 연등축제에 있었다. 그때를 생각하면 입가에 작은 미소가 흐른다.
　거기서 부산 불교의 가능성을 보았다. 분명 희망이었다. 그곳은 구덕운동장을 메운 불자와 장엄등, 율동과 다채로운 코너들이 서로 어울려 하나 되는 환희로운 부처님 세상이었다. 저마다 정성껏 준비한 모습이 역력했다. 고민하고 있음을 확인할 수 있었다. 즐기고 있는 자신감도 보였다. 자율적인 질서의식은 단연 돋보이는 대목이다.
　그동안 장소를 정하지 못하고 해마다 여기저기를 방황했다. 그러다 보니 매년 새로운 공간에 적응하느라 진행이 효율적이지 못했다. 그리고 참여 대중을 한눈에 볼 수 없으니 얼마나 많은 대중이 모였는지, 다른 절은 어떻게 준비했는지 알 수 없었다. 공간이 좁아 복잡하고 불편하다는 불만만 있었다. 행진도 마찬가지였다. 겨우 한 차로로 쫓기듯 걸어가서 그냥 끝나는 것이 너무나 큰 아쉬움이었다.

그런데 올해는 사정이 다르다. 서울에서 동대문운동장을 이용했듯이 부산 구덕운동장을 통째로 활용하니 어느 절이 질서가 있는지, 연등이 특색이 있는지, 복장이 화려한지, 잘하고 못하는 모든 것이 한눈에 들어온다. 속이 시원하다. 이제 뭔가 좀 하는 것 같다. 이렇게 가면 욕심이지만 서울에 버금가는 연등축제가 되는 것은 시간문제일 것 같다. 행진의 끝에 만나는 대동한마당의 분위기 적응도 빠르다. 그것은 곧 힘이다. 때를 만나면 꽃을 피울 무한 잠재력이다.

눈에 보이는 대형 장엄등의 행진에서는 서울과의 시차를 쉽게 좁힐 수 없는 것이 현실이지만 그것도 머지않아 확연히 좁힐 수 있음을 느낄 수 있었다. 해마다 진화하는 대형 장엄등은 한 발 한 발 변화하고 있었다. 큰 코끼리나 부처님 형상이 전부이던 과거에서 지금은 움직이는 용, 만화 주인공, 사천왕, 범종 등 종류를 셀 수 없다. 화려하고 역동적이다.

그뿐인가. 작은 등들의 변화는 더 다양하다. 연등에서 시작되어 창작 연등, 경전, 법구, 과일, 동물, 꽃 등 주변에 보이는 모든 것이 다 등으로 재탄생되었다. 결코 생활과 멀리 떨어져 있지 않았다. 입고 나온 의상은 또 어떤가. 깜찍함, 장엄함, 단정함, 화려함, 고상함, 재미를 두루 표현한 복장의 변천은 축제를 더욱 성숙하게 했다. 108배를 한 1,000명의 전법도량 신도들은 노란색 티셔츠로 자부심을 삼는다.

연꽃문화제에 참여한 어린이들은 덩달아 신난다. 간간이 보이는 외국인들은 아직 축제의 중심에 서지는 못했지만 내년이면 각 나라의 전통의상에 전통 등들을 볼 수 있을 것 같다. 거기다 휠체어를 탄 장애우와 부대에서 나온 군인까지 함께 했다.

아무튼 서울 못지않은 연등축제의 성공을 절반은 이룬 것 같다. 시간을 가지고 보완하고 다지면 서울 부럽지 않은 부산 연등축제가 될 것이라는 희망을 누구나 느끼는 시간이었다. 감히 준비한 모든 분들의 노고에 감사의 뜨거운 박수를 보낸다.

가피의 목소리

―

　기도를 하는 마음에는 성취의 기대가 함께 한다. 그래서 더욱 더 간절해지는지도 모르겠다. 바라는 바가 그대로 이루어진다면 더없는 행복이요, 감사의 시간일 것이다. 그런데 기도의 성취가 내 간절한 정성에 의한 불보살님의 가피라고 보기보다는 스님의 축원에 달려 있다는 생각을 하는 사람들이 적지 않다.

　그래서 기도에 동참해 축원카드를 올려놓으면 불공하고 기도하는 시간 내내 자신이 어떻게 정성을 기울여 기도하는가보다 축원할 때 식구들의 이름이 거명되는가 안 되는가, 혹은 남들보다 먼저 축원하나 늦게 하나 하는 것에 마음이 더 가는 것이 일부 불자의 경우 외면할 수 없는 현실이다.

　얼마 전 어느 기도처에 기도하러 갔다가 젊은 보살님들이 축원에 대해 이야기하는 것을 지나치면서 들었다. 거기에서 한국 불교의 희망과 절망이 공존하는 것을 보았다. 먼저 희망이라면 젊은 보살님들이 기도하러 오는 것 자체이고, 절망이라면 축원 올릴 때 평상시 쓰는 이름과 공식이름 중에서 공식적인 이름을 써서 올렸는데 축원이 끝나고 나서 걱정이 생겼다고 이야기하는 것이다. 공식적인 이름보다 평상시 쓰는 이름으로 올렸어야 했다는 아쉬움이 생긴 것이다. 따지고 보면 평소에 쓰는 이름이든 주민등록상의 이름이든 무슨 상관이겠는가.

부처님 전에 머리 숙이는 중생들을 자비로 굽어살피시는 불보살님이 개똥이네라 한들 소똥이네라 한들 설마하니 그 말과 그 이름을 혼동해서 복줄 곳에 화를 주고 벌줄 곳에 가피를 주실까. 그렇게 걱정한다면, 본인의 망상은 본인의 망상이지만 불보살님까지 욕 뵈는 크게 잘못된 발상인 것이다.

축원이 부처님과 중생 사이에서 간절한 중생의 마음을 전하는 고귀한 종교적 행위임에는 틀림이 없다. 비유를 하면 재판하는 법정에서 재판장은 불보살님이다. 그리고 검사는 있는 대로의 진리인 인과因果의 원리다. 그래서 검사는 행위를 한 사실에 입각해서 거기에 상응하는 상벌을 주고자 하는 것이다. 그럴 때 축원은 변호사와 같다. '잘못은 있겠지만 잘한 것도 있으니 참고하시고 가피를 주소서' 하는 의미가 담겨 있다.

부처님께 '이 사람에게 가피를 주소서' 라고 스님들이 축원할 때 그가 진정 그만큼의 선행과 기도 수행이 되어 있어야 복을 얻는 것이지 스님의 목소리가 크다거나 작다거나 혹은 또렷하고 희미함에 복의 양이 정해져 있다고 본다면 그보다 더 어리석을 수는 없는 것이다.

『밀린다 팡하』를 보면 북은 부처님이요, 북을 치는 사람은 중생이다. 중생이 얼마만큼의 힘으로 북을 치느냐에 따라 가피의 북소리가 정해지는 이치이지 북이 스스로 북소리를 결정하는 것이 아니라고 말씀하셨다. 따라서 중생의 정성과 노력과 수행의 복력을 통해 가피의 북소리가 결정되는 것이다.

중생의 정성과 노력과 수행의 복력을 통해
가피의 북소리가 결정되는 것이다.

중생이로세!

지금부터 십여 년 전에 싱가포르에서 있었던 일이다. 야시장 구경을 여유롭게 하고 있는 내게 갑자기 나타난 청년이 한 손을 가슴에 대고 "아미타파"하는 것이다. 그 나름대로는 예의를 갖추는 모습이 역력했다. 그러고는 자신의 인생이 앞으로 어떻게 전개되겠느냐고 물으면서 자신의 손바닥을 내미는 것이다.

외국의 야시장에서 뜻밖에 맞은 상황에 다소 당황스러웠지만, 호랑이를 만나도 정신만 차리면 산다는데 이 정도는 자연스레 넘어가야 되지 않겠나 싶어, 잠시 그 청년의 손을 들여다봤다. 그리고 "지금 하고 있는 일이 뭐냐?"고 물었더니 청년은 야시장에서 심부름을 하고 있다고 했다. 그때 '그렇지!' 하고 뭔가가 스치는 것이 있었다.

그래서 잠시 생각하는 척하다가 "어릴 때는 많이 힘들었겠네?" 하자 그렇다고 신기한 듯 쳐다봤다. 속으로 이렇게 생각했다. '그럼 그렇지,

야시장에서 배달하는 삶인데 힘들 수밖에…….' 그리고 이내 말을 이어 "인생 말년에는 좋다"라고 하자 말이 끝나기도 전에 펄쩍펄쩍 뛰면서 기뻐하는 것이다. "단, 열심히 일해야만 가능하다"는 말은 듣지도 않은 채 말이다.

그런데 공교롭게도 이번에는 본의 아니게 내가 그 청년이 되었다. 브라질에서 열린 종교회의에 참석했다가 브라질 신사와 우연한 인연이 되어 그와 점심공양을 하고 산꼭대기에 세워진 예수상을 관광하는 기회를 가졌다.

세계 제일의 이과수 수력발전소 건설에 참여한 그는 중년의 유능한 엔지니어였다. 먼저 자신이 멤버로 있는 클럽에서 점심을 먹는데 그가 내 얼굴을 자세히 보더니 아마도 큰 정신적 지도자가 될 것이며, 미래에 남북이 통일될 때 남북을 잇는 어떤 큰 역할을 하게 될 것임을 확신한다는 것이다. 덧붙여서 그것을 이루기 위해 부단히 노력해야 하는 부담을 갖게 될 것이라고까지 했다.

그렇게 기분이 나쁘지는 않았다. 누군가가 무심하게 던진 한마디라 하더라도 때로는 듣는 이로 하여금 들뜨게 하기도 하고 비탄과 좌절로 이끌 수도 있다는 평범한 진리가 그대로 느껴졌다. 순간 어색하기도 하고 적당한 말을 찾지 못해 "쌩큐"라고 하자 자기에게 감사해야 할 일이 아니라며 아주 진지하게 예의를 갖추었다. 도대체 이 사람이 뭘 보기는 보는 것인지, 아니면 분단 한국의 상황을 알고 그의 희망사항을 내게 이야기하는 것인지 도무지 알 수는 없었지만 싱가포르의 그 순진한 청년만큼이나 기쁨을 안고 숙소로 돌아오는 나는 영락없는 중생이었다.

생각해 보면 출가한 사람이 지나가는 소리에 현혹될 일인가마는 일상에서 항상 남에게 희망과 용기를 줄 수 있는 마음씀이 얼마나 중요한가를 다시금 돌아보게 하는 계기가 되었다. 그렇다고 모든 것이 다 희망이니 좋게 좋게 넘어갈 수는 없는 일이다. 시기 적절한 경책도 빠져서는 안 될 일이지만 때로는 상불경보살의 상대를 존중하는 수행을 본받는 것도 세상을 한결 평화롭게 하는 부처님의 거룩한 가르침인 것이다.

조용하게 앉으라. 그리고 그 안에서 누가 너의 생각을 관찰하고 있는지 찾아보라.
주의 깊게 바라보면 네 안에서 또 하나의 너를 발견하게 되리라.

조용하게 앉으라

"조용하게 앉으라.

그리고 그 안에서 누가

너의 생각을 관찰하고 있는지 찾아보라.

주의 깊게 바라보면

네 안에서 또 하나의 너를 발견하게 되리라.

그를 주의 깊게 관찰하고 이해하려 노력한다면

너 자신을 분명히 알게 되리라.

그렇게 안을 들여다보라.

네 안의 또 하나의 너를 찾으리라.

그러면 완성이 가까우리라."

마음공부를 한 스와미 묵타난다 스님의 말씀인데 깊이 새겨볼 일이다.

내 안에는 항상 두 개의 내가 있다. 진리를 추구하는 나와 진리와는 먼 내가 그것이다. 우리는 그것을 대개 부처님 마음과 중생의 마음이라고 이야기한다. 따지고 보면 같은 마음이지만 향상하려는 노력은 수행심이며 부처님 마음이고, 머무르거나 퇴보하는 게으름은 중생심이다. 그러기에 내 안에서 일어나는 마음작용의 정리가 필요한 것이다.

과거의 일곱 부처님도 불교를 설명하시기를, "모든 악을 짓지 말고, 무릇 선이란 선은 다 받들어 행하면서, 스스로 그 마음을 깨끗이 하는 것, 이것이 모든 부처님의 가르침이다"라고 하셨다. 스스로 그 마음을 깨끗이 함이란 바로 내 안의 또 하나의 나인 불성을 회복하는 것이다.

어느 명상 수련 과정에서 '나에게 반한 나'라는 주제로 명상하는 것을 보았다. 내가 나에게 반할 수 있는 것은 곧 내 속에 있는 또 하나의 나인 진리의 나를 만나는 일이다. 스스로 내재된 진리, 진아眞我에 회귀하는 것을 자정自淨이라 하며, 그 노력이 수행이다. 그런데, 그 수행을 방해하는 마구니가 있다.

부처님께서 사위성에 계실 때, '라타'라는 비구가 문안드리고 여쭈었다. "세존이시여, 사람들이 악마 악마라고 말하는데 무엇을 악마라고 말하는 것입니까?"

"라타여, 육신이 악마다. 감정이 악마다. 생각이 악마다. 의지가 악마다. 의식이 악마다. 그러므로 많이 들은 제자들은 육신의 집착을 떠나야 하고 또한 수상행식受想行識의 집착에서도 떠나야 하느니라"라고 부처님께서 말씀하셨다.

나를 괴롭히거나 농락하는 악마는 밖에 있는 흉측한 모습을 한 어떤 존재가 아니라 곧 내 몸과 내 마음이다. 내 몸의 욕망과 끊임없이 요동치는 중생의 마음작용들이 나의 의지를 가장 괴롭히는 악마인 것이다. 편해지고 싶은 육신의 유혹에서 자유로울 수 있거나 감각적인 외부의 자극에 초연할 수 있다면 그것이 바로 수행의 완성이 아닐까. 따지고 보면 진리도 마구니도 마음 밖에 있지 않고, 모든 것은 마음먹기에 달려 있다.

행복과 불행, 기쁨과 슬픔이 마음먹기에 달렸음을 안다면 저물어 가는 한 해의 마지막을 아름답게 정리하기 위해서라도 들떠서 밖으로만 향하는 마음을 접고 조용히 앉아서 내가 누구인지를 살펴볼 일이다.

모든 악을 짓지 말고,
무릇 선이란 선은 다 받들어 행하면서,
스스로 그 마음을 깨끗이 하는 것,
이것이 모든 부처님의 가르침이다.

대입기도
단상

—

　해마다 가을이면 전국의 사찰은 대학 입학을 기원하는 기도 열기로 뜨겁다. 평소 절에 다니지 않던 사람이라 할지라도 이때쯤이면 가방에 염주 하나 정도는 넣고 다닌다. 오로지 자식의 대학 입학을 염원하는 정성스러운 부모의 마음이다. 그리고 한결같이 부처님 전에 무릎을 꿇고 내 아들 합격하게 해 달라는 간절하기 이루 말할 수 없는 기도들을 한다.

　해보지 않았던 108배나 1,080배, 심지어 3,000배도 누구의 힘인지 모르게 거뜬히 해낸다. 좋은 기도처라는 곳에는 한 번쯤은 다녀와야 마음이 놓이고 할 수 있는 기도라면 무엇이라도 물불을 안 가리는 것이 이때의 심정이다. 이때부터 어머니의 인생이 달라지는데, 무심했던 불교에 관심을 가지게 되고 덤덤하던 신심에 불이 붙어 몇 생을 닦은 지극한 불자처럼 새롭게 태어나는 것이다.

자식이 그런 존재이다. 어머니의 삶을 변화시키는 인생의 큰 스승이 자식이다. 자식으로 해서 세상을 다시 보고, 나아가 부모의 심정을 이해해서 오히려 그 부모인 할아버지 할머니께 효도할 수 있는 계기가 되는 것이다. 사실 부모를 위한 기도라면 그 절반이나 절실할 수 있을까?

내가 신도들과 하는 대입기도는 단순히 합격이라는 결과만을 위한 구걸 같은 기도가 아니다. 합격은 미뤄놓고 우선 평상심을 찾는 기도를 한다. 수능시험을 앞둔 수험생과 부모는 보이지 않는 큰 짐을 지고 표시도 표현도 하지 못한 채 힘겨워하고 있다. 얼굴빛은 초조해지고 먹는 것은 소화가 잘 되지 않는다. 몸은 항상 긴장감으로 인해 경직되어 있는 것이 수험생 부모의 공통된 현상이다.

이런 힘든 시간들을 보냄에 있어 같은 고민을 하는 도반들끼리 부처님 전에 모여 수행을 하는 것이 대입기도 시간이 되어야 한다. 그래서 먼저 해야 할 일이 과거 전생으로부터의 지극한 참회이다. 구체적으로 어떤 사안의 잘못한 소소한 것들에 대한 참회가 아니라 윤회도상의 중생으로서의 근원적인 참회이다. 그리고 앞으로 나아가기 위한 정진의 수행을 해야 한다. 대입 시험이 인생의 전부가 아니라는 큰 생각으로, 올바른 가치관을 가진 참다운 인간으로 살아가기를 염원하는 기도여야 한다. 그렇기에 사경, 독경, 참회, 봉사 활동 등의 수행을 필요로 하는 것이다.

우리 아들 합격시키고 남의 아들 떨어뜨리라고 기도하는 것은 기도를 모르는 사람의 생각이다. 우리는 시험이라는 부담 앞에 당황하거나 초조해서 생기는 실수나 애석해하는 일은 없어야 한다는 것이고, 평소 실력이 유감없이 발휘될 수 있는 평상심을 유지하기를 기대하는 기도를 하는 것이다. 그래서 기도가 곧 수행인 것이다. 본래 기도의 근본은 성취이지만 방편은 수행이다. 적절한 수행이 없는 대입기도는 바로 기복이며 맹신이다.

올해도 주변에 있는 수험생과 그 부모에게 따뜻한 마음으로 위로 한 마디라도 한다면 그들에게는 큰 힘이 되며 삶의 감동이 될 것이다. 홍역을 치르듯 힘겨운 과정을 감당하고 있는 모든 수험생과 가족들에게 미래의 환희로운 세상을 기원하며 선전을 기대한다.

세상에서
가장 소중한 것

—

그것이 무엇이든 세상에서 가장 소중한 것을 지칭할 때 둘도 없다는 말을 한다. 친구의 경우에도 보면 둘도 없는 사이일 때 행복한 것이고, 부부도 세상에 둘도 없는 인생의 반려이기에 소중하고 아름다운 것이다.

수석을 하는 사람들은 세상에 오직 하나뿐인 독특한 모양을 찾아 고독한 수행자의 모습처럼 외로운 수집의 시간을 할애한다. 그리고 분재를 하는 사람도 평범하지 않은 세상에 하나뿐인 특별한 나무를 만들기 위해 보기에도 힘겨운, 절제를 넘은 억제와 뒤틀림의 고통을 강요하는 것이다.

진리에 있어서는 더욱 더 그러해서 진리는 곧 둘이 아닌 하나의 세계를 의미하는데 중생들의 특성상 쉽게 이해되지 않는 부분이다. 왜냐하면 둘이 있어야 시기하고 질투하고 은근히 경쟁하면서 만족과 희열, 고통과 번민 사이를 널뛰기하는데 하나의 세계에서는 상대가 없으니 오히려 짜증을 부리는 사람이 속상한 일이다. 그저 하나일 뿐인데 어디를 향해 넋두리한다는 말인가! 이처럼 불이不二는 최상의 가치이며 진리이다. 그래서 절마다 불이문을 지어 중생들에게 커다란 가르침을 주고 있는 것이다.

얼마 전 나는 불이회가 주는 불이상을 수상했다. 상을 받는다는 것은 어떤 경우에도 기분 좋은 일이다. 그래서 내가 운영하던 어린이집에서는 육바라밀을 나누어 보시상, 지계상 등 여섯 가지 상을 만들어 졸업하는 아이들에게 주어 모두 상을 받도록 했다. 열심히 다녀 빠지지 않는 아이에게는 정진상을 주고, 무엇이든 나누어 베풀기를 좋아하면 보시상을 준다. 그들에겐 상의 의미를 넘어 상을 받았다는 데 더 큰 의미가 있다. 이미 그런 의도를 다 안다 해도 부모의 마음에는 내 자식이 상을 받는다는 것이 마냥 흐뭇한 일이다.

불이상은 상보다 더 큰 의미를 몇 가지 담고 있다. 먼저 상을 주는 단체가 순수하게 신행을 통해 착실히 마음공부를 해 가는 재가불자들의 모임이라는 것이다. 권위 있는 기관이나 유명한 법인이 아닌 불교를 좋아하고 불교를 통해 인생을 새롭게 가꾸어 가기를 발원하는 보살님들의 모임이라는 것이 특별난 의미이다. 어느새 17년이라는 세월을 꾸준히 진행해 온다는 사실은 기억해야 할 만한 일이다.

생각해 보면 상을 탔다는 것보다 중요한 것은 상을 타기까지 그동안 도움을 주셨던, 감사 드려야 할 분들이 계시다는 사실이다. 먼저 마음껏 포교할 수 있도록 묵묵히 지켜봐 주시고 따뜻한 격려와 엄한 질책을 아끼지 않으셨던 통도사 어른스님들께 감사를 드린다. 또한 어떤 기획을 하든지 모든 일에 신뢰와 열정으로 동참해 준 신도님들께도 뜨거운 마음을 보낸다.

끝으로, 상을 타기까지 주어졌던 시간들을 기억해 보면 도심포교의 새로운 개척이라는 명분으로 때로는 머트러운 부분도 없지 않았으나 끝내 희망으로 승화시킬 수 있도록 보살펴 주신 불보살님과 오랜 시간 함께 기도했던 모든 분들께 이렇게나마 인사를 드릴 수 있음에 진심으로 감사드린다. 이 상이 어찌 한 사람의 노력이나 능력만으로 받을 수 있는 상이겠는가!

이 가을에…

태풍 없이 맞는 가을의 온 도량은 상큼하기만 하다. 사람의 키를 넘기는 코스모스가 한창이다. 아침이면 밤 줍는 재미가 쏠쏠하다. 누런 단감이 탐스럽다. 거기에 대추가 먹기 좋을 만큼 달다. 이처럼 우리 절 홍법사의 가을은 어느 것 하나 열매를 맺지 않는 것이 없다.

지난여름 우리 불자들이 범불교도대회라는 이름으로 서울시청 광장을 가득 메운 일이 있었다. 아직도 끝나지 않은 종교편향의 병폐는 수면 속으로 숨어들었을 뿐 사라진 것은 아니다. 그런 와중에 부산에서는 10여 년을 이어온 열린 종교인 모임의 스님, 교무님, 신부님, 목사님들이 4회째 친선 축구경기를 했다. 작년에는 꼴찌를 면하는 정도였는데 이번에는 범어사 젊은 학인스님들의 선전으로 준우승을 했다. 경기가 진행되는 동안 서로 준비한 음식을 나눠 먹으며 화기애애하게 응원을 했다.

내 종교가 이겨야 한다는 집착도 없고, 졌다고 애달파하지도 않는 마냥 여유로운 시간이었다. 이것도 열린 종교인 모임이 만들어 낸 좋은 결실인 것이다.

이렇게 만나면 다들 평화롭기 그지없는데 현실은 보이지 않는 긴장감이 있다. 지난주 부산에서는 세계사회체육대회가 열렸다. 이번 대회부터는 국제올림픽위원회(IOC)의 후원을 받는 명실공히 세계대회다. 100여 개국에서 선수와 임원들이 참여해서 각 나라의 전통경기를 선보이며 건강과 우애를 다지는, 그야말로 사회체육대회다. 그런데 이 대회에 부산지역 1,500개 교회에서 모인 1만 명의 자원봉사자가 입국하는 각 나라 선수들을 공항 환영식에서 맞고 경기장 응원은 물론 공항 환송식까지 한다는 기사를 접하면서 뭔가에 얻어맞은 느낌이다. 이것도 종교편향이라고 말하는 것이 아니다. 각자 지금, 여기를 챙겨야 한다.

우리가 서울광장에 모여 정부를 규탄하고 있을 때 기독교에서는 현실에서 일어나는 사회적 관심에 참여하는 발 빠른 움직임이 있었다는 사실이다. 우리 불교가 이제부터 관심 가져야 할 곳이 어디인가를 여실히 보여주는 대목이다. 그동안의 경험으로 볼 때 사회가 필요로 하는 봉사활동에 불자들의 참여가 적었던 것을 부정할 수 없다. 기도하러 가는 데는 1박2일도 적극적인데 봉사활동에는 너무나 소극적이었다는 아쉬움이 남는다.

  이 가을 우리가 무엇을 수확하려 하는가를 생각해 보면 결론은 이웃이다.

  얼마 전에는 동네 초등학교 가을 운동회에 가서 무려 3시간을 있었다. 자매결연을 맺은 이유도 있었지만 그보다는 진정 우리에게 부족한 것이 지금 내가 살고 있는 이웃에 무심했다는 판단에 맘먹고 시간을 냈다. 100여 명 남짓한 학생 수에서 보듯 단출하고 아기자기한 분위기가 너무 좋았다. 모르는 아이가 없다시피 하니 이미 동네 운동회다. 내빈석에 앉아 구경하는 내내 법회에 나오는 아이들이 나름대로의 방식으로 알은체를 한다. 내가 기쁘니 아마 그 아이들도 뿌듯했으리라. 그 자리에 앉아 있는 것이 내가 해줄 수 있는 전부이다. 사실 그것은 내겐 아무 일도 아니지만 절에 나오는 아이들에게는 큰 자부심으로 기억될 것이다.

  이처럼 수행에서만 지금 여기가 중요한 것이 아니라 진정 삶 속에서 지금 여기를 챙기는 마음이 불교의 미래를 알차게 열매 맺는다는 것을 다시금 절감한다.

잘 산다는 것은

추석이다. 올해는 눈으로 둥그런 보름달을 확인할 수는 없었지만 그래도 간절한 마음으로 바람을 기원하는 풍속들은 여전하다. 일그러짐 없는 원만한 달을 보며 '더도 말고 덜도 말고 저 보름달만 같아라'라고 이야기한다. 그만큼 둥글게 살아가기를 바라는 것이다. 또한 풍성하게 살아가기를 축원하는 것이다.

우리는 잘 살라는 말을 많이 한다. 시집가는 딸에게 친정어머니의 한결같은 부탁은 잘 살라는 것이다. 잘 산다는 것은 뭘까? 때에 맞추어 먹을 것을 먹고 생활에 불편함이 없는 것을 잘 산다고 하는 것인가.

잘 산다는 말의 의미를 보면 그가 가진 역할이나 분수를 잘 지킨다는 뜻을 가지고 있다. 가령 어느 스님은 진짜 잘 사시는 분이라고 한다면, 그분의 사회적 지위나 눈으로 드러나는 인생의 결과물에 대한 평가라기보다는 스님으로서 해야 할 예불과 기도, 그리고 분수에 넘치지 않는 소박한 수행에 대한 판단인 것이지 어찌 다른 이유가 있을 수 있단 말인가!

그런데 언제부턴가 우리는 잘 산다는 개념의 기준을 재산에 두는 경향이 있다. 그래서 그 집이 잘 사느냐 못 사느냐를 물으면 으레 집이 몇 평인지, 어떤 차를 타는지, 재산이 얼마나 되는지를 먼저 생각한다. 그러나 재산만 있다고 잘 산다고 말할 수는 없다. 고집이나 속임수로도 재산은 얼마든지 모을 수 있기 때문이다. 따라서 가진 재산으로 소외된 이웃을 생각하고 자비를 베풀 마음의 여유까지 가질 때 비로소 잘 산다고 말할 수 있다.

좋은 직업을 가졌다고 해서 또한 그가 잘 사는 것은 아닐 것이다. 직업은 삶의 한 방편일 뿐 도덕이나 인격과는 별개의 것이기 때문이다. 좋은 직업 뒤에 보이는 도덕성의 기준이 아름다울 때 우리는 그를 인격자라 한다.

학문적 업적이 많다는 사실만으로 그 인생이 다 성공한 것도 아닌 듯하다. 비상한 두뇌와 순수한 양심은 동일한 것이 아니기 때문이다. 비상한 두뇌만 있고 사람으로서의 양심이 없다면 그에게는 삭막한 인생이고 세상은 오히려 각박해질 것이기 때문이다.

그리고 출가만 했다고 재가자보다 잘 산다고 할 수도 없다. 출가는 삶의 한 형태이고 그 형태가 갖추어야 할 내용을 갖추었을 때 잘 사는 것이지, 모습만 그렇다고 잘 사는 것이라고 보기 어렵기 때문이다.

또한 사회적 지위가 높다는 사실만으로 잘 산다고 보는 것도 위험하다. 사회적 지위는 부단한 노력으로 얻는 정상적인 경우도 있지만 돈이나 인맥, 지연, 학연 등을 통해서도 얼마든지 쉽게 얻을 수 있는 것이다. 지위에 맞는 겸손한 인격과 행동을 갖출 때 참으로 잘 산다고 말할 수 있다.

참으로 잘 산다는 것은 자신만이 알 수 있는 내면의 양심에 가책이 없을 때, 겉으로 드러나는 포장된 나의 사회적 지위와는 상관없이 정말 잘 산다는 결론에 도달할 수 있다. 그래서 각자가 청정하고 그런 개인들이 모여서 국토를 청정하게 만드는 것, 이것이 불교이다. 개개인의 부단한 수행을 통해 온 세상이 정토로 변화되는 모습이 아름다운 것이다.

참회하는 마음은 현재의 삶이
인과응보라는 것에 대한 철저한 자각을 하게 도와준다.

안타까운
4대강 살리기 사업

—

언제부턴가 사람들도 동물원의 동물과 다름없다는 생각을 한다. 이유는 우리의 잃어버린 자연 때문이다. 전기만 끊겨도, 수돗물만 안 나와도 생존의 방법이 궁색해진다. 동물원의 동물만 애처로운 것이 아니라 우리도 충분히 불쌍한 환경에서 살고 있다. 다만 동물과 다른 점은 필요한 환경을 스스로 만드는 힘이 있다는 것이다. 그런데 자원부족이나 그 능력의 한계로 해결하지 못한다면 어떻게 될까? 합리적인 생각의 끝이 스톱이라면 인위적인 것의 끝은 멸망이다.

자연은 스스로 그러해야 한다. 누가 관여하면 그 힘을 잃는 속성이 있다. 놔두면 회복력도 빠르지만 건드리면 화를 내기도 한다. 이렇게 자연은 끊임없는 상호작용으로 스스로를 치유하며 평화로운 환경을 만들어 가고 있다. 보이지 않는 질서와 조화는 물론 상생의 잠재력 또한 내포하고 있다. 지구를 포함한 우주는 그대로 생명이고 그렇기 때문에 사람과 더불어 건강하게 살아가기를 간절하게 희망하고 있다.

그런데 인간이 중심이었던 무지의 시대에는 고귀한 대자연의 생명력이나 가치보다는 알량한 인간의 욕망을 채우는 것이 우선이었다. 그나마 인간 중심에서 생명 중심이라는 대전환의 지혜를 깨닫고 보니 부처님의 연기법대로 사람이 살려면 환경이 살아야 하고 환경이 살아 있지 않으면 사람도 살 수 없다는 소중한 진리를 알게 되었다.

사실 실용이나 합리성만 보면 입맛대로 산허리를 자르고 강을 막는 일은 오늘의 기술력에서는 일도 아니다. 문제는 능력이 화를 부른다는 우려다. 신중해야 한다. 같이 고민해야 한다. 예상되는 모든 경우의 수를 생각해야 한다. 지난 여름 대만에는 3,000㎜라는 상상을 초월하는 비가 내렸다. 지구 온난화로 점점 더 강한 비와 바람이 예보되고 있다. 교만한 기술력만으로 억지로 막고 돌리는 물길이 재앙의 원인이 된다면 차라리 무능한 것이 낫다.

얼마 전 각 정당의 정책위 의장들이 벌인 세종시와 4대강 정비사업에 대한 토론회를 보면 제대로 된 사전 영향 평가도 없다. 국민적 가치관은 저 앞에 있는데 정부의 가치관은 과거 산업화를 추구하던 개발 지상주의 시대로 퇴보해 있다. 적용하는 법도 맞지 않고 물리적 기간도 전문가들이 수긍하지 못할 만큼 졸속하다. 왜 그리도 서두르는가. 거기에 입찰 담합과 특정한 사람들의 사업자 선정은 또 어떻게 설명할건가.

입만 열면 100년 대계를 말한다. 그렇다면 정당한 절차와 꼼꼼한 연구가 필요하다. 나라의 미래를 생각하는 큰 정치를 한다면 그 사업이 한두 해 늦어진다고 해도 국민을 설득해야 한다. 그만큼 소신 있는 국운이 걸린 사업이라면 더욱 더 그렇다. 충분히 설명하고도 공감대를 이룰 자신이 없다면 아예 포기해야지 밀어붙일 일이 아니다.

부처님은 어떤 경우라도 끝없이 중생들을 이해시키는 방법으로 진리를 설하셨다. 어리석으면 어리석은 대로 지혜가 있으면 있는 대로 근기에 맞게 설명하고 공감대를 형성했다. 그래서 진리의 법왕이 되셨다. 4대강 살리기 사업도 진정 국민을 주인으로 섬기겠다는 취임식 때의 마음을 잃지 않았다면 먼저 설득하고 뒤에 시작하는 것이 당연한 일이 아닐까!

내복 한 벌

—

　가을이 깊어가기 시작하면 하나씩 들어오는 모자와 목도리가 해를 거듭할수록 쌓이기 시작한다. 나름으로는 고민한 흔적이 역력하다. 같은 회색이라도 짙고 옅은 것이 있으니 색깔은 어떤 것이 좋을까. 스님마다 취향이 다르니 모양은 또한 어떻게 떠야 할까. 완성된 것을 스님께 보여 드려서 보완이 필요하면 어떻게든 고쳐서 스님이 쓰게 하려고 지극 정성으로 만드는 것이다. 그야말로 신도의 입장에서는 최상의 작품을 인연 있는 스님께 공양 올리는 것이다.

　새벽에 옷을 입으려는데 벌써 몇 달째 옷장 위에 놓인 '한번이라도 꼭 입어 주세요! ○○○올림.'이라는 메모가 새삼 큰 의미로 눈에 들어왔다. 지난 가을에 받은 내복 속에 있던 것을 무심코 버릴 수 없어 놔둔 것이다. 거기에는 잔잔한 애절함이 묻어 있었다. 주지스님이면 이런 내

복이 어디 한두 벌 들어오겠나 싶었던 모양이다. 그러니 받아서 다른 스님이나 어려운 이웃에게 바로 나누어 줄 수도 있다는 생각에 제발 한 번만이라도 입어 공덕이 되게 해 달라는 뜻이 담겨 있는 것 같았다. 누구를 준들 공덕이 안 되겠는가마는 그래도 주지스님이 꼭 입어 달라는 애원에 이번 겨울 추위에 고맙게 입었다.

언제부턴가 내 삶의 모습을 돌아보니 자연스레 신도들에게 받는 것에 익숙해져 있다. 설과 추석 명절에 양말 한 켤레에서부터 빵이나 과자, 인삼이나 귀한 버섯 등의 먹을거리는 물론 빳빳한 신권의 보시금까지 다양한 공양을 받을 때에는 내 수행에 비춰 부끄러울 때가 많다. 굳이 공양게송 오관게를 인용하지 않더라도 출가했다는 사실만으로 받기에는 너무도 과분한 것이기 때문이다.

처음에는 당연하게 받았던 공양에 대한 생각이 세월이 흐를수록 철이 드는 것인지 무심하지 않은 것은 그래도 다행한 일이다. 그래서 어느 순간부터는 평소에 들어오는 소소한 공양은 무엇이든 꼭 하나는 먹는다. 마치 헌식하듯 배가 불러도 한 조각은 먹고 후원이나 울력의 간식으로 내려보낸다. 옷이나 목도리 등은 하루나 이틀을 가지고 있다가 다시 인연을 따라 나누는 습관이 생겼다. 그렇게라도 해야 정성껏 올리는 신도의 마음에 부응하는 것이라 여기기 때문이다.

한편 설, 추석 등의 명절에는 받은 것 중에서 분에 넘치는 것은 따로 챙겨서 어른스님께 드리는 것에 익숙해져 있다. 이유는 내가 쓰기에 너무 과한 것은 오히려 내 복을 감한다는 생각에 그대로 큰스님께 올리는 것이 신도에게도 더 큰 복이 된다고 여기기 때문이다. 그러다 보니 내 마음을 담은 공양이 아니라 신도들의 정성으로 내 인사치레를 다하는 것 같아 죄송하기도 하지만 그것이 감출 수 없는 현실이다.

출가의 복은 어디까지인가. 출가 자체가 공양을 받을 만한 고귀한 일이기는 하나 그것은 신도의 입장이다. 그러므로 신도는 마냥 신심을 내어 출가 수행자에게 보시하는 것이다. 그러나 스님의 입장에서는 당연히 받을 만하다는 생각에서 깨어나 내 덕행을 살피고 공덕이 될 수 있도록 더욱 수행하는 것이 참다운 본분인 것이다.

어김없이 설날이 다가온다. 순박한 신도들은 정성껏 스님들을 공경하는 마음으로 공양을 준비할 것이다. 새삼 시주의 은혜에 자신을 돌아보게 된다. 이 복을 어떻게 갚을 것인가.

참회하는 마음은 나쁜 업을 녹이고 좋은 업을 만드는 힘이 되어 우리에게 향상의 길을 열어준다.

바른 생각을 위한
마음수행

—

　신·구·의 삼업과 관련하여 의업意業 수행, 즉 마음 수행을 살피기 위해선 우선 업業에 대한 이해가 선행되어야 한다. 업의 원어는 카르마(Karma)다. 이는 보통 행위라든가 행동으로 이해할 수 있다. 인도의 사상가들에 의해 인간의 행위에 대한 합리적인 탐구가 이루어지면서, 행위는 신체로만 나타나는 것이 아니라 언어로도 나타나고, 밖으로 표출되지 않는 의식이나 마음으로도 나타난다고 파악되었다. 이른바 신身·구口·의意 삼업이 그것이다.

　행위의 성격을 이렇게 규정함으로써, 업을 단순한 운명이라 간주하지 않고 의지의 자유라고 이해하게 되었다. 따라서 사후 세계는 신의 의지에 의해 일방적으로 결정되는 것이 아니라, 인간의 의지와 노력에 의해 결정될 수 있다는 의식이 싹트게 되었다. 이러한 의식의 개화는 여러 세계를 전전하며 고통에 시달리는 영혼을 어떻게 구제할 수 있을 것인가 하는 쪽으로 초점이 모아진다.

그 결론이 바로 윤회에서 완전히 벗어나는 해탈의 추구였다. 업과 윤회에 대한 이런 사고방식은 불교에 그대로 계승되었다. 그러나 불교는 인도의 유신론적 차원을 탈피하고 한 단계 더 나아간다. 인도의 기존 종교에서는 실제 윤회와 업을 받아들이는 입장이 숙명론적 차원에서 벗어나지 못했고, 윤회에서 완전히 벗어나는 것이 아니라 사후에 천상의 낙원에 태어나는 것을 목표로 삼았다. 그러나 불교는 인간 스스로의 노력에 의해 운명을 극복하고 자신의 미래를 개척할 수 있다는 무한한 능력과 의지의 자유로움에 눈뜨게 했다. 그래서 이후 불교 수행자들은 삼업을 어떻게 해탈로 전환할 것인가에 집중했다고 보아도 무리가 없을 것이다. 이를 위해 부처님 당시부터 오늘에 이르기까지 다양한 수행 방법이 나오게 된 것이다.

사실 불교에서 마음 수행을 빼면 과연 다른 수행이 있을까? 몸으로 하는 수행, 입으로 하는 수행이 어차피 마음을 수반하지 않을 수 없다. 마음 또한 몸이나 입을 떠나서 존재할 수 없지만 마음이 없는 몸과 입은 그 자체로 어떠한 수행도 될 수 없는 것이다. 그래서 마음 수행은 포괄적일 수밖에 없다.

불교의 전통 안에서 마음 수행의 여러 방식을 열거하자면 매우 많다. 참선, 염불, 간경, 주력, 절, 사경, 사불, 계율, 참회, 대승불교의 지관 수행법, 위파사나 수행법, 티베트 불교 수행법 등등 이루 헤아리기 어려울 정도다. 그래서 특정한 마음 수행법에 대해 논한다는 것은 무리가 있다. 불교의 테두리 안에서 수행하는 각각의 모든 전통은 자신의 전통이야말로 최선의 수행이라고 말하고 있기에 더더욱 그렇다.

굳이 명상만으로 내용을 줄인다 하더라도 다양한 패턴이 있기 때문에 어느 것 하나만 옳다고 말하기는 어려운 게 사실이다. 한국의 선방에서 추구하는 간화선의 전통은 화두를 통한 수행이야말로 최선의 수행이라 할 것이고, 상좌부불교의 수행자들은 위파사나야말로 부처님의 정통수행법이라 할 것이다.

따라서 마음 수행을 하려는 이가 특정한 수행의 방편을 찾기 이전에 또는 특정한 마음 수행을 하고 있다면 수행을 함에 있어서 잊지 말아야 할 몇 가지 '마음가짐'에 대해 한번 짚어보았으면 한다.

먼저 끝없이 자신을 돌아보아야 한다. 환경에 따라 이리저리 날뛰기도 하고, 아무리 번뇌를 없애려 애를 써도 끝없이 밀려오는 마음 밑바닥의 새로운 갈망을 부추기는 그 마음을 제어하기 위해서는 우선 참회하는 마음이 있어야 한다. 참회하는 마음은 남을 원망하지 않게 스스로를 훈련하기 때문이다.

참회하는 마음은 현재의 삶이 인과응보因果應報라는 것에 대한 철저한 자각을 하게 도와준다. 참회하는 마음은 나쁜 업을 녹이고 좋은 업을 만드는 힘이 되어 우리에게 향상向上의 길을 열어준다. 참회하는 마음은 무엇인가를 원망하는 마음을 물리치게 하고, 앞에 놓인 문제에 대해 회피하지 않고 당당하게 나아갈 수 있게 해준다.

다음으로는 하심下心하는 마음을 챙겨야 한다. 우리들은 연업중생緣業衆生이기 때문이다. 세상 모든 일에 우연은 없다. 좋든 싫든 내가 짓고 내가 받는 것이다. 모든 것은 인因과 연緣이 합하면 생기고, 인과 연이 흩어지면 사라진다. 이러한 인연법을 '의타기依他起'라고 한다. 모든 것은 '나' 혼자만의 힘으로 되는 것이 아니라 '다른 것'과 서로 의지해 일어난다는 것이다. 그런데 다른 것은 무시하고 내 것만을 추구하고, 남을 무시하고 나만 우뚝 서려는 것은 '나'만 행복하면 '남'은 불행해져도 상관없다는 것이다. 그런 '나'는 결코 행복할 수도, 높이 설 수도 없다. 오히려 남이 나를 받쳐주지 않기 때문에 항상 밑바닥에서 살 수밖에 없고 고독과 불행만 있을 뿐이다. 가만히 주위를 둘러보자. 눈과 귀가 닿는 모든 곳에서 수많은 인연을 만나게 된다.

선연善緣도 만나고 악연惡緣도 만나지만, 절대적 선연도 절대적 악연도 없다. 절대적 불행과 절대적 행복도 없다. 인과 연이 잠시 합해 모습을 드러낸 것일 뿐이다. 하심하는 사람은 그래서 후회가 없다. 다만 인연 따라 복을 지을 뿐이다. 좋은 현실 속에서 교만하지 않고 나쁜 현실 속에서도 좌절하지 않고 오직 인연 따라 복을 지을 뿐이다.

그리고 무소유행無所有行과 무소구행無所求行을 하도록 정진해야 한다. 몸과 말과 마음으로 짓는 나쁜 업은 모두 자기애自己愛 때문이다. 갖가지 번뇌에 휘말려 내 마음대로 되지 않는 것에 짜증을 내고 괴로워하면서 사는 까닭도 따지고 보면 나에 대한 사랑에서 비롯된다. 현실을 냉혹히 돌아보자. '우리가 어떠한 환경에서 살고 있으며, 내가 그토록 사랑하는 나는 어떤 존재인가'를. 이 '세상'은 탐진치 삼독三毒의 불길로 가득 찬 화택火宅이고, '나' 라는 존재가 지수화풍으로 구성된 몸의 노예가 되어 사는 인생일 뿐이다.

인간의 모든 괴로움은 나의 것으로 만들려는 생각에서부터 시작된다. 그러나 이러한 욕구는 남에게도 있다. 그래서 경쟁하게 되고 이기면 뽐내고 지면 실망과 패배감으로 괴로워한다. 이것을 극복하려면 한쪽에서 놓아야 한다. 놓는 그곳에 그나마 길 안이 보일 뿐이다.

이렇듯 우리가 마음 수행을 하는 데에는 참회하는 마음가짐과 하심하는 마음가짐, 무소유행과 무소구행을 실천하는 마음가짐을 제시했다.

이러한 노력은 틀림없이 우리를 안분지족安分知足 하는 삶으로 향상시키고, 또한 틀림없이 우리를 마음 수행의 한 계단 위로 안내할 것이다.

세상에는 내가 아니면 안 되는 일도 있지만
꼭 나여야만 하는 경우도 없다.

신행 매뉴얼이
필요하다

　미국에서 가장 영향력이 큰 크리스천(2007년 처치 리포트 조사) 설문조사에서 8위에 올랐던 세계적인 기독교 미래학자 레너드 스윗 박사는 지난주 서울의 한 신문 인터뷰에서 '립싱크 하는 요즘 기독교인들, 가슴에서 올라오는 노래 불러야'라는 제목으로 모처럼 공감하는 생각을 내놓았다. 사실 진정한 뜻도 모르면서 우리는 많은 진리를 논한다. 자신의 의지나 영혼 없이 소리만 내는 립싱크 같은 설교나 삶을 적나라하게 질책한 것이다.

　거기다가 '예수 결핍 장애'라는 표현으로 '예수교회에 예수가 없다'고까지 했다. 그러고 보니 언제부턴가 크리스마스에 산타 할아버지만 있고 예수의 존재가 없다는 말을 들은 것 같다. 설상가상으로 심각한 질병을 앓고 있는 오늘날 교회가 리더십, 비즈니스 강좌는 흔한데 성경

예수 성령 얘기는 드물다고 꼬집었다. 이것이야말로 진리를 추구하는 진실한 모습보다는 이유를 앞세운 현실이 더 크게 자리한 오늘날의 자화상이다. 그런데 이것이 과연 기독교만의 문제인가. 그럴 수는 없다. 여기서 우리 불자들은 돌아봐야 한다.

30여 년은 더 된 오래전 일이다. 텔레비전에서 10살 남짓한 동자승에게 왜 출가했느냐고 물었더니 '인생이 무상해서요'라고 답하던 것이 기억난다. 인생이 무상해서 출가했다는 말을 얼마나 많이 들었으면 10살 아이의 입에서 인생무상이란 말이 주저 없이 나올 수 있을까. 참 당황스런 상황이다. 또 우리는 입만 열면 마음먹기에 달렸다는 일체유심조를 이야기한다. 그런데 진정 세상은 마음먹기에 따라 이루어진다는 말을 생명처럼 받아들이며 평화로운 삶을 사는 불자가 얼마나 될 것인가. 진정성이 없으면 그대로 립싱크다. 가슴에서 토해내는 내 소리가 아니면 감동을 수반하는 생명력이 없다.

아쉽게도 불자라고 하면서 매일 기도하는 신행이 없는 사람들이 있다. 예불을 하거나 천수경을 외는 것도 아니고 기초교리를 탄탄하게 다지기보다는 풍문으로 들은 좋은 말 몇 마디가 나를 지키는 전 재산이다. 마음만 불교요 집안 분위기가 우호적이라는 정도다. 정서는 분명 불교인데 매일 자신을 돌아보는 신행이 없는 불자는 어려움이 닥치면 이내 무너질 수밖에 없다. 왜냐하면 부처님 품안에서 부처님을 모르고 살기 때문이다. 예수교회에 예수가 없다는 말과 다르지 않다. 그래서 그 좌절의 끝은 이웃 종교까지 기웃거리는 불쌍한 모습을 보이기도 한다.

그럼 립싱크가 아닌 가슴에서 울려오는 살아 있는 소리는 어떻게 만들어질까. 꾸준하고 진실한 신행밖에는 없다. 항상 내 마음에 부처님이 살아 움직여야 한다. 부처님이라는 최고의 가치와 하나가 되어야 한다. 그래서 마침내 내가 아닌 부처님으로 살아야 한다. 그러기 위해서 필요한 것이 무엇인가. 모두가 함께 공유할 수 있는 수행의 내비게이션이다. 즉, 신행의 매뉴얼이 있어야 한다.

불교 전체가 아니면 종단 차원에서라도 가장 기본인 공양게송을 통일시키고 의식을 정립해서 절마다 다르고 스님마다 다른 생활 속의 의식을 하나로 묶어 동일 공동체의 일체감을 만들어야 한다. 그래서 개개인이 알아서 하고 있는 하루 일과 신행을 매뉴얼을 통해 언제 어디서나 함께 공유하는 기도로 전환한다면 더 큰 신심이 나지 않을까.

항상 내 마음에 부처님이 살아 움직여야 한다.
부처님이라는 최고의 가치와 하나가 되어야 한다.